中国儿童社会工作者培训系列丛书

U0742416

儿童主任
上岗教程

北京师范大学中国公益研究院　北京慈幼儿童福利研究中心◎编著

ERTONG ZHUREN SHANGGANG JIAOCHENG

中国社会出版社

国家一级出版社·全国百佳图书出版单位

图书在版编目（CIP）数据

儿童主任上岗教程 / 北京师范大学中国公益研究院，北京慈幼儿童福利研究中心编著 . -- 北京 ：中国社会出版社 ，2024 . 8 . --（中国儿童社会工作者培训系列丛书 / 王振耀主编）. -- ISBN 978-7-5087-7072-7

Ⅰ . D922.7

中国国家版本馆 CIP 数据核字第 2024QX5419 号

儿童主任上岗教程

出 版 人：程 伟

终 审 人：余细香

策划编辑：金 伟

责任编辑：李林凤　马潇潇

装帧设计：尹 帅

出版发行：中国社会出版社

　　　　　（北京市西城区二龙路甲 33 号　邮编 100032）

印刷装订：河北鑫兆源印刷有限公司

版　　次：2024 年 8 月第 1 版

印　　次：2024 年 8 月第 1 次印刷

开　　本：185mm×260mm　1/16

字　　数：242 千字

印　　张：11.5

定　　价：58.00 元

前　言

儿童主任制度诞生于中国儿童社会工作实践。该制度经历了试点探索、全面推广、普及发展三个阶段，目前正处于高质量建设儿童主任队伍阶段。2010 年，民政部、联合国儿童基金会与北京师范大学中国公益研究院等五所高校联合启动了"中国儿童福利示范项目"，项目涉及全国 5 省（自治区）12 县 120 个村，惠及近 8 万名儿童，探索基层儿童福利与保护体系，解决村（居）儿童福利服务"最后一公里"递送问题。2014 年，"在村居设立儿童主任为儿童提供福利服务"被联合国儿童基金会评选为全球"创新促公平年"中的创新做法，并向世界各国推广。2015 年，民政部推广项目试点经验，开启"百县千村"计划，在更大范围内建立基层儿童关爱服务体系。2016 年，国务院发布的《关于加强困境儿童保障工作的意见》首次要求在全国每个村（居）设立儿童服务岗位，标志着儿童主任制度的建立。2019 年，民政部印发的《关于进一步健全农村留守儿童和困境儿童关爱服务体系的意见》（民发〔2019〕34 号）要求在基层建立三级儿童关爱服务体系和岗位，进一步明确儿童主任工作职责。此后，在《中华人民共和国未成年人保护法》等儿童关爱与保护政策法规中，儿童主任成为基层儿童关爱和服务递送的关键角色。截至 2022 年底，全国已有 65.1 万名村（居）儿童主任实名制上岗，在城乡基层实现了儿童主任全覆盖的目标。儿童主任已成为关心关爱农村留守儿童和困境儿童的主力军。

儿童主任的工作目标是发现儿童及其家庭的紧迫需求，综合分析并链接各方资源，提供有针对性的专业服务。为了促进儿童主任专业能力的提升，达到工作目标，编委会结合基层儿童福利与保护服务体系建设项目的十多年经验，编写了《中国儿童社会工作者培训系列丛书》（以下简称：系列丛书），包括《儿童主任上岗教程》《基层儿童工作督导教程》《儿童社会工作基础读本》《儿童主任工作百问》《儿童之家游戏手册》《儿童侵害防治服务手册》等，目的是培养全国基层儿童福利与保护工作专业人才，特别是指导儿童主任培训工作的开展，填补基层儿童工作人员培养体系的知识空白。

《儿童主任上岗教程》作为系列丛书的第一册，介绍了儿童主任工作的基本职责、工作重点、专业技能和相关工具，是基层儿童工作者的必备知识，除作为培训师的参考用书，还可以作为区（县）民政局、乡镇（街道）儿童督导员、儿童工作者的工作指引。本教程共分9讲，包含儿童主任职责与原则、儿童福利和保护政策、儿童权利、儿童之家——布置与剪彩、儿童主任的资源分布、日常工作表格的使用与管理、儿童主任个案工作——建立关系、儿童主任村（居）工作——安全隐患排查和儿童主任工作经验分享。此外，本教程还提供了上岗、初级、中级和高级培训体系的课程框架。

培训师可使用本教程帮助学员快速掌握儿童主任工作的职责与要求，理解儿童主任工作的背景和目标，掌握开展工作的基础方法与技巧，让学员能够有信心、有热情地投入即将开展的儿童福利与保护工作中。

在此，感谢民政部儿童福利司对本教程的指导！

编委会

二〇二四年五月

序 一

儿童主任制度自 2010 年诞生以来，经过 10 多年的推进，已经成为普及全国 60 多万个城乡社区的一项基本制度。在中国儿童福利和服务体系建设的进程中，儿童主任正在发挥着落实儿童福利与保护政策不可或缺的重要作用。如何实现儿童主任的专业化和职业化，逐步成为儿童福利与未成年人保护体系建设的重要课题。

《中国儿童社会工作者培训系列丛书》是北京慈幼儿童福利研究中心联合北京师范大学中国公益研究院参与推进儿童主任制度创立和推广过程中的一项重要成果。该团队曾经与联合国儿童基金会、民政部社会福利和慈善事业促进司（原）共同合作，并特别邀请南开大学、华东理工大学、中国青年政治学院、南京师范大学和河南师范大学的社会工作领域的专家教授参与，在山西、河南、四川、云南、新疆 5 个省（自治区）的 12 个县开展儿童主任制度建设的试点工作，最终取得成功，受到国家肯定并在全国普及。

儿童主任，客观上就是村（居）民委员会中负责儿童事务的工作人员，个别地区，已经实现专业化，由地方政府设立采购服务岗位，使其专心从事儿童工作；绝大部分地区，儿童主任还属于兼职工作；有的地区，儿童主任工作则由慈善组织支持，由专业人员负责培训和督导，进行专业化和专职化的探索。这种多样化的格局，为儿童主任的成长提供了巨大的空间。

在城乡社区中设立儿童主任岗位，是我国基层社会治理体系现代化建设的重要内容之一。随着经济日益发展，社区中的儿童事务迅速增多，许多儿童福利政策需要得到落实，未成年人的保护机制也要深入家庭、社区和学校，儿童需要拥有一定的活动场所来进行各类游戏活动。社区已经成为儿童成长的基本场所。国际国内经验证明，在经济发展达到中等水平以后，儿童福利与未成年人保护会成为突出的社会工作内容，必须有专职人员和专业队伍与社会组织密切合作，依托社区与家庭来对儿童施以关爱，这样才能够使儿童健康成长。

设立儿童主任的岗位，是我国社会工作的一个创举。这项制度被联合国儿童基金会誉为"赤脚儿童社工"，并在国际社会进行推广。可以说，这也是一个典型的"中国样本"。那么，几十万名专、兼职的儿童主任从事儿童工作，最大的挑战是什么呢？从多方面看，根本上就是专业化问题。要实现儿童主任的专业化，既需要儿童主任自身加强专业知识与技能学习，也需要建立儿童主任培训与工作督导的专业化体系。儿童主任既需要经过上岗培训，获得一定职业资质，也需要建立起指导型的督导机制。

经过 10 多年的示范与试验，我国各地已经开始拥有较为丰富的儿童社会工作经验。许多儿童主任，已经成为该领域工作的模范，他们的优秀案例，得到了社会的认可。不少地方，还涌现出了多种类型的培训师和督导员，成为参与儿童主任培训与工作督导的重要力量。但是，总体上讲，儿童主任的培训还是缺乏教程，许多培训工作仍然停留于经验阶段。如何借鉴国际经验，建立起具有中国特色的儿童主任培训的知识体系以及专业化的督导体系，是一个较大的挑战。

正是本着满足实践的急需，我们的团队在多位专家的指导下，经过多次培训的反复试验和总结，形成了这本教程。希望得到大家指正，以进一步完善相关内容。

北京师范大学中国公益研究院理事长
二〇二四年五月

序 二

　　儿童是一个国家的未来，近年来，随着中国经济社会的快速发展，家庭结构、就业结构、城乡差异的变化，一些儿童逐渐出现了养育、教育、医疗、心理健康等方面的问题，一些极端的案例震惊社会，也引起了相关领域的高度重视。近些年，留守儿童和困境儿童作为社会特殊群体，成为国家和社会关注的焦点。

　　北京慈幼儿童福利研究中心和北京师范大学中国公益研究院多年来一直致力于儿童发展研究，开展了众多有价值的研究课题，推出了一系列可以推广的服务项目。特别是在儿童保护领域，他们的努力为村级儿童主任的设立及服务留守儿童提供了基本思路和实施策略。本书是他们依托 10 年以上基层儿童主任工作模式，结合全国不同省份儿童主任工作现状，以社会工作专业理论和方法为切入点，从留守儿童、困境儿童的实际需求和问题出发，着眼于儿童主任服务，通过儿童主任职责与原则、儿童福利和保护政策、儿童权利、儿童之家——布置与剪彩、儿童主任的资源分布、日常工作表格的使用与管理、儿童主任个案工作——建立关系、儿童主任村（居）工作——安全隐患排查及儿童主任工作经验分享九个领域，为儿童主任培训师量身打造的一本初级培训教程。本书的出版为全国各地开展儿童主任培训提供了授课指导，为提升儿童主任服务儿童的专业性建设进一步夯实了基础。

　　儿童主任的设立是深入学习贯彻习近平新时代中国特色社会主义思想，全面贯彻党的二十大精神，扎实推动《中华人民共和国未成年人保护法》、《国务院关于加强农村留守儿童关爱保护工作的意见》（国发〔2016〕13 号）和《国务院关于加强困境儿童保障工作的意见》（国发〔2016〕36 号）落到实处，按照民政部等10 部门《关于进一步健全农村留守儿童和困境儿童关爱服务体系的意见》（民发〔2019〕34 号）加强基层儿童工作队伍建设工作要求的具体措施。为解决基层福利服务"最后一公里"递送问题，民政部在全国 60 多万个村（居）设立了儿童主任岗位。儿童主任在乡镇人民政府（街道办事处）、村（居）民委员会指导下，为本村（居）0~18 岁的儿童开展服务工作。民政部儿童福利司于 2019 年 8 月出台《儿童主任工作指南》（指导版），为儿童主任在村（居）中开展家庭走访、信息更新、强制报告、政策链接、强化家庭监护主体责任及家庭教育等重点工作提供了支持和指引。

儿童主任是儿童服务的前沿，儿童主任的岗位是儿童福利制度体系贯彻落实和具体工作的"最后一公里"，儿童主任职业化、专业化是儿童工作的需要，也是全面提高中国儿童工作水平的重要标志。全国 60 多万名儿童主任大多由村（居）民委员会的工作人员兼任，他们开展儿童福利和保护相关的工作，需要具备一定的儿童心理、教育、医疗等方面的专业知识。近年来，伴随着儿童主任制度的落实，不断涌入一批具有社会工作、心理、教育等方面专业知识的志愿者和机构，为村（居）儿童主任提供支持和服务，帮助他们更好地服务留守儿童和困境儿童。2023年 11 月，民政部联合 15 个部门出台了《农村留守儿童和困境儿童关爱服务质量提升三年行动方案》，"加强儿童主任队伍建设"是其中重要的一个行动，要求各地建立儿童主任信息台账、构建儿童主任综合培训体系、建立覆盖全员的儿童主任培训档案，省级和地市级民政部门每年至少组织一次示范培训，县级民政部门要确保实现每年对儿童主任培训的全覆盖。

"中国儿童社会工作者培训系列丛书"的出版，为全国基层儿童社会工作者提供了专业化的培训教程，加强了城乡社区儿童主任培训体系建设，是助力基层儿童福利和保护体系向前发展，提升基层儿童主任服务质量和专业化水平的基础工程。希望各地能用好这套教程，大家共同努力，为服务农村儿童打通"最后一公里"，为推动我国儿童福利和保护事业发展更上一层楼贡献更多的力量。

中央团校中国青年政治学院教授
中国农业大学马克思主义学院博士生导师
二○二四年五月

目 录
CONTENTS

导　论

　　儿童主任是城乡社区的儿童社会工作者，他们深入村（居）每一户家庭发现儿童需求、宣传政策、上报情况并链接资源，被形象地称为"赤脚社工"。"赤脚"代表儿童主任的本地属性，居住在城乡社区之内，熟悉当地环境、文化、语言和人际关系网络。"社工"代表儿童主任的专业属性，经过短期培训具备从事儿童关爱和保护工作的基础知识和技能。两种属性使得儿童主任一方面能将国家政策、育儿理念、关爱服务用最朴实易懂的语言和简单直接的行动递送到儿童家庭中，另一方面能及时发现儿童及家庭的需求，将这些需求报送至村（居）民委员会和民政部门，并协助解决。

　　儿童主任制度建立 10 多年来，许多人已经接受了不同程度的培训，专业化水平也得到了一定的提高，不少儿童主任在工作岗位上摸索出了较为系统且具有中国乡村和基层特色的儿童社会工作模式。儿童主任最大的特色，就是被基层群众称之为可爱且值得尊敬的"孩子王"，他们客观上有着较高的职业操守。在云南省瑞丽市坚持从事儿童服务超过 10 年的儿童主任瑞应说："儿童主任的工作目标是帮助孩子和家庭从一时的困境中走出来，重回人生正常轨迹——上学、工作、结婚、生子，过上平凡幸福的生活。"儿童主任虽然学历水平有限，但是他们非常有责任感，有热情，喜欢并关心孩子，对儿童有着深切的关爱之情，也有着相当强的专业性，是善于与家长和儿童进行沟通的儿童社会工作者。他们经常性地入户家访，陪儿童聊天和玩耍，关心儿童的想法和情绪，走进儿童的内心，让儿童感受到被关爱和尊重，从而获得了面对困境的勇气。儿童主任对工作的这种坚持和热爱，已经得到了村（居）民的广泛认可。面对儿童的各类问题和需求，村（居）民会先找到儿童主任询问商量，儿童主任实际上是"基层儿童专家"。

　　然而，各个地方儿童主任工作的发展不平衡，儿童主任还缺乏系统性的职业培训。在儿童福利与保护事业高质量发展阶段，儿童主任要进一步发挥好"赤脚社工"、"孩子王"和"基层儿童专家"的角色定位，亟须学习专业知识和实操技能，这就特别需要儿童主任培训师发挥积极作用。

作为一名培训师，首要目标是教授儿童主任理解儿童工作伦理、掌握儿童社会工作基本知识技能并在工作中有效应用，这就对于培训师的资质提出了较高的要求。作为一名合格的培训师，应具备社会工作相关专业的学历背景，取得社会工作师或以上职业资格水平证书，并具备一年及以上的基层工作经验，方能保证培训师教授知识的专业水准；同时，培训师还要熟悉本地儿童福利与保护相关政策法规，并能根据工作经验将专业知识转化成实操易懂的工作技能传授给儿童主任。

为了将知识和工作有机结合，培训师还应在授课中将理论知识、政策解读、案例分析、典型经验进行融合，通过小组讨论、现场演练、情景模拟、互动答疑等多种方式开展培训和督导，加强儿童主任对知识的理解和技能的应用。

同时，培训师应通过不断接受教师培训和督导以保证自身知识更新和技能提升。作为培训师，还应遵守基本工作伦理准则：坚持儿童优先和儿童利益最大化的原则，维护和促进儿童生存、发展、受保护和参与等各方面权益；遵守社会工作价值观和伦理守则，以人为本，助人自助，将尊重、接纳、不评判、个别化、保密及服务对象自决原则融入授课过程中。

儿童主任的培训工作有着很强的政策性和实践性，其基本目标是推进城乡社区的儿童福利与保护工作，这项工作包括从儿童主任知识培训到日常考核和专业督导机制建立，再到不同类型儿童服务标准的建立与完善，全面推动城乡基层儿童福利与保护服务模式和制度的建设。

儿童主任上岗培训是推进基层儿童福利和保护服务体系专业化建设和长效机制建立的基础性的一步。为了有效推进基层儿童福利与保护服务体系建设，儿童主任完成培训上岗之后，还应建立管理督导和服务标准工作体系、完善儿童之家建设等。因此，培训师在学习本教程的基础上，还应参与更为系统的教师培训，包括有关儿童主任和儿童督导员分级培训、基层儿童工作的管理督导、社会组织服务质量评估等，从而进一步提升儿童社会工作培训和督导能力。

第一讲　儿童主任职责与原则

··

　　本课程内容时长为 2 小时，包含 2 项必备活动。本讲课程是儿童主任就职后的基础必学课程，包含儿童主任岗位产生背景、岗位职责、基本工作方法和原则等内容。本讲课程将大量引用我国真实案例，与学员进行案例分享和讨论，明确新任儿童主任岗位定位和要求，为其开展工作和深入学习专业技能奠定基础。

授课目标 ▶ ··

　　①学员意识到本村（居）各类儿童需求，对儿童主任岗位定位和重要性产生认同。
　　②学员理解自己的岗位职责、基本工作方法和行为规范。
　　③学员熟悉新入职半年的主要工作任务。
　　④学员了解《儿童主任工作指南》《儿童督导员工作指南》的使用方法。

授课重点 ▶ ··

　　《关于进一步健全农村留守儿童和困境儿童关爱服务体系的意见》（民发〔2019〕34 号）中儿童督导员和儿童主任的工作职责、《儿童主任工作指南》、《儿童督导员工作指南》。

给培训师的话 ▶ ··

　　本讲课程包含工作职责和原则等重要且知识性较强的内容。为促进学员对课程内容更加深入的理解并有能力在实际工作中应用，建议培训师尽可能采用实际案例讨论的方式，并鼓励学员分享自己所在村（居）的实际情况。这样做的目的：一方面有助于保证课程气氛活跃，另一方面有利于学员产生共鸣，加深他们对课程内容的理解。

授课流程 ▶

第一节　我国为什么需要儿童主任（15 分钟）
　　一、做活动：我的村（居）存在哪些儿童问题（必做）
　　二、看视频：《童伴妈妈》

三、讲政策：我国政策对儿童主任工作的规定

第二节　儿童主任做什么、怎么做（100 分钟）

一、讲知识：儿童主任和儿童督导员工作概述

二、讲知识：儿童主任和儿童督导员工作职责

三、讲知识：儿童主任工作管理和计划落实

四、做活动：这是儿童主任的工作吗（必做）

五、讲知识：儿童主任三大服务方式

六、讲知识：儿童主任工作原则

第三节　新入职半年主要工作任务（5 分钟）

第一节　我国为什么需要儿童主任（15 分钟）⏱

> **内容简介**：本节包含 3 个环节，培训师通过做活动、播放视频和介绍政策，帮助学员理解儿童主任对提升儿童生活质量的重要作用以及我国对儿童主任岗位发展的重视。

一、做活动：我的村（居）存在哪些儿童问题（必做）

活动目标 ··············

启发学员看到辖区存在的儿童问题和服务空缺，从而意识到儿童主任岗位存在的必要性。

活动步骤 ··············

第一步：培训师通过举手或在线投票等方式，让学员回答："你觉得你所在的村（居）存在儿童问题吗？"

第二步：根据学员所在地区特点，从备选儿童案例中选取 10 个，询问学员所在地区是否有类似情况。

第三步：再次通过举手或在线投票等方式，让学员回答问题："你觉得你所在的村（居）儿童存在困难吗？"

第四步：总结"列出的 10 个儿童案例都是我们身边普遍存在的"。

第五步：了解学员所在地区案例问题是否被妥善解决，可以请学员分享。

第六步：培训师总结，基于三个方面：①儿童和家庭有需求，但没有能力解决或不愿解决；②家庭不知道如何获取政府和社会资源；③儿童属于家庭也属于国家，政

府和社会有责任提供专业支持。需要一名具备专业知识的村（居）工作人员支持儿童和家庭，发挥三个作用：需求发现、资源链接、服务递送。

活动 素材 ....

备选儿童案例

表1-1　备选儿童案例

序号	儿童案例
1	家长把孩子锁在家中睡觉，自己出去打麻将，孩子睡醒发现家里没人后大哭
2	夫妻离异后外出打工很少回家，孩子和爷爷奶奶生活，孩子不接受爷爷奶奶的教育
3	孩子学习成绩不好，家长生气时就打骂孩子，家长说孩子太不听话，不打不行
4	家里有人生重病，存款都用于看病了，家里很穷
5	爸爸爱喝酒，喝完酒对妈妈和孩子很凶，有时还会打人
6	孩子被家里人、邻居或其他人性侵
7	父母下班回家后一直玩手机，很少和孩子聊天，也不陪孩子玩
8	孩子进入青春期，和大人的关系越来越差，总是吵架
9	孩子上初二，学习成绩不好，开始逃学，家长也管不了
10	这家的大人很招邻居讨厌，邻居都不让自己的孩子和这家的孩子玩
11	孩子生病，家长想找"黑诊所"治病
12	孩子放学回家后情绪低落，跟爸妈说自己被同学欺负，不想去学校
13	父母外出打工，孩子上初中后经常夜不归宿
14	家长教育方式特别严厉，孩子变得胆小内向，不自信
15	父母一方去世了，家里经济变得拮据，孩子每天脏兮兮的没人照顾

二、看视频：《童伴妈妈》

观看 目标 ....

帮助学员对儿童主任的工作内容和意义有更加直观和感性的认识。

播放《新闻调查》2018年3月31日播出的《童伴妈妈》节目，观看视频1分20秒到6分40秒的内容。

三、讲政策：我国政策对儿童主任工作的规定

讲解 目标 ....

使学员了解政策进展和儿童主任队伍建设在我国政府工作中的重要性。

培训师简要介绍两个文件，使学员了解政策进展和儿童主任队伍建设在我国政府工作中的重要性。

✦《国务院关于加强困境儿童保障工作的意见》（国发〔2016〕36号　2016年6月13日发布）

重要意义：首次提出在全国每个村（居）设立提供专业儿童服务的岗位。

✦《关于进一步健全农村留守儿童和困境儿童关爱服务体系的意见》（民发〔2019〕34号　2019年4月30日发布）

重要意义：明确村（居）级儿童主任、乡镇（街道）级儿童督导员、县（市、区、旗）级未成年人救助保护机构工作职责。

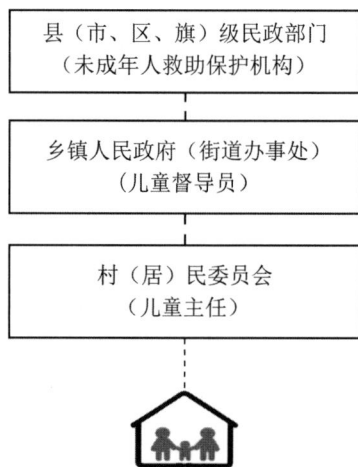

图1-1　儿童关爱服务体系层级图

第二节　儿童主任做什么、怎么做（100分钟）🕐

内容简介： 本节包含6个环节，培训师通过讲解儿童主任和儿童督导员工作概述、工作职责、工作流程及对应职责，并开展活动，帮助学员加深对知识的理解，并通过讲解儿童主任三大服务方式、工作原则，为学员的工作开展奠定基础。

一、讲知识：儿童主任和儿童督导员工作概述

讲解目标 ··········

使学员对自己的工作有整体了解。

根据《关于进一步健全农村留守儿童和困境儿童关爱服务体系的意见》中规定的儿童主任的六项工作职责和儿童督导员的八项工作职责，为学员总结服务对象范围、重点服务对象和工作流程。

✦服务对象范围：本辖区 0~18 岁所有儿童及其家庭。

✦重点服务对象：农村留守儿童、散居孤儿、事实无人抚养儿童、其他困境儿童等。

✦工作流程：包括计划制订和工作管理，信息排查和儿童建档，为重点关注儿童提供服务，服务场所管理，引入社会力量（如图 1-2 所示）。

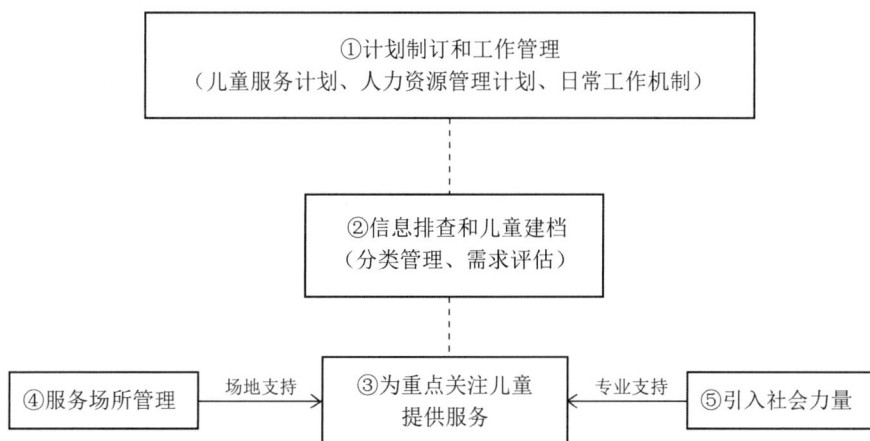

图 1-2　儿童主任和儿童督导员工作流程图

二、讲知识：儿童主任和儿童督导员工作职责

讲解 🔲 ⏱ ⸺⸺⸺⸺⸺⸺⸺⸺⸺⸺⸺⸺⸺⸺⸺⸺⸺⸺⸺⸺⸺⸺⸺⸺⸺⸺⸺

帮助学员理解自己所在岗位的具体工作职责、工作标准和注意事项。

请培训师对每一个工作流程以及相对应的工作职责进行详细剖析，回答"儿童主任做什么和怎么做"这两个问题。（通常学员对"计划制订和工作管理"这一流程的重视度和理解度不高，因此建议将这一流程放在最后讲解，使学员在彻底理解其他工作流程后再学习这一部分内容。）针对每一流程，本教程已分别列出"对应职责""重点讲解内容""儿童主任与儿童督导员如何配合""参考活动/参考案例"四项内容，供培训师参考使用。下文表格中的职责参见《关于进一步健全农村留守儿童和困境儿童关爱服务体系的意见》。

（一）工作流程一：计划制订和工作管理

1. 对应职责

表1-2 "计划制订和工作管理"流程对应职责

儿童主任	儿童督导员
职责一：负责做好农村留守儿童关爱保护和困境儿童保障日常工作，定期向村（居）民委员会和儿童督导员报告工作情况 关键词：日常工作报告	职责一：负责推进农村留守儿童关爱保护和困境儿童保障等工作，制订有关工作计划和工作方案 关键词：工作计划和落实
	职责二：负责儿童主任管理，做好选拔、指导、培训、跟踪、考核等工作 关键词：儿童主任管理

2. 重点讲解内容

（1）工作计划要符合本地区儿童需求，这样才能有效；同理，儿童主任的培养应对应儿童服务所需的能力才能有效；儿童督导员应通过儿童主任上报信息、实地督导等多种渠道准确判断儿童需求。

（2）儿童主任选拔标准：有能力、有爱心、有责任心，由村（居）民委员会委员、大学生村干部或者专业社会工作者等人员负责，优先安排村（居）民委员会女性委员担任。除以上标准外，还需考虑以下条件：

✦ 无犯罪记录。

✦ 学历为初中或以上。

✦ 具有社会工作专业背景，或考取社会工作资格证书人员，可优先考虑。

（3）对儿童主任服务质量、工作能力、工作态度要督导评估，年年有培训、有考核；儿童主任是与儿童接触最多、距离最近的工作人员，因此其工作能力、道德品质会直接影响儿童生活，要坚决杜绝儿童主任侵害儿童权利的情况。

3. 儿童主任和儿童督导员如何配合

（1）儿童主任定期汇报工作进展和问题挑战，为儿童督导员制订下一步工作计划提供事实依据，并按照工作计划定时定量开展服务。

（2）儿童督导员负责制订年度工作计划，包括儿童服务、儿童主任培训督导、年度考核评估计划等内容。

（二）工作流程二：信息排查和儿童建档

1. 对应职责

表1-3 "信息排查和儿童建档"流程对应职责

儿童主任	儿童督导员
职责二：负责组织开展信息排查，及时掌握农村留守儿童、困境儿童和散居孤儿等服务对象的生活保障、家庭监护、就学情况等基本信息，一人一档案，及时将信息报送乡镇人民政府（街道办事处）并定期予以更新 关键词：儿童信息收集	职责三：负责农村留守儿童、困境儿童、散居孤儿等信息动态更新，建立健全信息台账 关键词：儿童信息管理

2. 重点讲解内容

（1）对全体儿童进行信息排查能起到两个作用。

✦可排查出高风险家庭，提早干预，起到预防问题的作用。

✦可排查出非孤儿等不在关爱范围内儿童的需求，例如非贫困、非留守家庭也可能出现严重打骂儿童的问题。

（2）若需要全面了解儿童和家庭的需求，可采用多种排查方式，收集多种信息内容；特别是家庭刻意隐藏的信息是无法通过查阅档案信息或询问获得的，需要细心专业的观察。信息收集是开展一切服务的前提。

✦建议排查方式：档案查看、家访询问、家庭环境观察、邻里报告、提供联系方式等待求助等。

✦建议收集内容：儿童个人信息（基本生活、教育、健康、福利保障等）；监护人/父母信息（经济、健康、福利保障、犯罪记录及不良行为历史等）；家庭成员关系或养育环境（夫妻关系、亲子关系、肢体暴力、语言暴力、精神暴力、忽视等）。

（3）对需要重点关注的儿童分类建立档案，并定期更新数据。

✦困境儿童：是指包括因家庭贫困导致生活、就医、就学等困难的儿童，因自身残疾导致康复、照料、护理和社会融入等困难的儿童，以及因家庭监护缺失或监护不当遭受虐待、遗弃、意外伤害、不法侵害等导致人身安全受到威胁或侵害的儿童。

✦留守儿童：是指父母双方外出务工或一方外出务工另一方无监护能力、不满16周岁的未成年人。

✦事实无人抚养儿童：是指父母双方均符合重残、重病、服刑在押、强制隔离戒毒、被执行其他限制人身自由的措施、失联情形之一的儿童；或者父母一方死亡或失踪，另一方符合重残、重病、服刑在押、强制隔离戒毒、被执行其他限制人身自由的措施、失联情形之一的儿童。以上重残是指一级二级残疾或三级四级精神、智力残疾；重病由当地确定；失联是指失去联系且未履行监护抚养责任 6 个月以上；服刑在押、强制隔离戒毒或限制自由期限 6 个月以上；死亡和失踪由法院宣告或自然死亡。

✦ 孤儿：是指失去父母、查找不到生父母的未满 18 周岁的未成年人。

3. 儿童主任与儿童督导员如何配合

（1）儿童主任应在得知儿童情况变化后 5 个工作日内及时更新儿童信息，并及时报送儿童督导员。

（2）儿童督导员应每季度整理汇总儿童主任上报的儿童更新信息，并录入系统。

4. 参考活动

分组讨论：你怎么才能知道一个儿童真实的物质生活水平、亲子关系、健康状况、学习状况？

（三）工作流程三：为重点关注儿童提供服务

1. 对应职责

表 1-4　"为重点关注儿童提供服务"流程对应职责

儿童主任	儿童督导员
职责三：负责指导监护人和受委托监护人签订委托监护确认书，加强对监护人（受委托监护人）的法治宣传、监护督导和指导，督促其依法履行抚养义务和监护职责 关键词：监护指导	职责四：负责指导儿童主任加强对困境儿童、农村留守儿童、散居孤儿的定期走访和重点核查，做好强制报告、转介帮扶等事项 关键词：监护指导和落实保障
职责四：负责定期随访监护情况较差、失学辍学、无户籍以及患病、残疾等重点儿童，协助提供监护指导、精神关怀、返校复学、落实户籍等关爱服务，对符合社会救助、社会福利政策的儿童及家庭，告知具体内容及申请程序，并协助申请救助 关键词：定期家访和落实保障	职责六：负责开展农村留守儿童、困境儿童、散居孤儿等未成年人保护政策宣传 关键词：政策宣传
职责五：负责及时向公安机关及其派出机构报告儿童脱离监护单独居住生活或失踪、监护人丧失监护能力或不履行监护责任、疑似遭受家庭暴力或不法侵害等情况，并协助为儿童本人及家庭提供有关支持 关键词：监护缺失和侵害报告	职责八：负责协助做好农村留守儿童、困境儿童、散居孤儿社会救助、精神慰藉等关爱服务工作 关键词：儿童关爱服务

2. 重点讲解内容

（1）确保留守等需要委托监护人的儿童受到合理监护。

◆ 建议监护人选择合适的受委托监护人：选择与儿童关系良好、照料能力强、无犯罪记录、无不良嗜好的亲属作为受委托监护人。在确定受委托监护人前儿童主任应与儿童沟通，了解儿童的意愿。对于单身男性亲属受委托监护女童的情况要谨慎决定，对于儿童强烈反对的要耐心了解其背后的原因。

◆ 监督受委托监护人监护情况：与儿童、监护人、受委托监护人都要建立直接沟通渠道，全面了解真实的受监护情况；必要时要建议监护人更换受委托监护人，例如受委托监护人患病，或出现侵害儿童行为等；若无合适人选，应要求监护人及时返回。

（2）儿童主任必须定期家访。常态化的家访是与儿童建立关系、了解儿童需求、解决儿童困难的最好方法之一。特别是对于辍学、暴力管教等非经济困难导致的问题，儿童主任与儿童、监护人之间彼此熟悉、彼此信任的关系是解决问题的重要前提。

表 1-5　家访频率及重点内容

儿童类型	家访频率	家访重点内容
遭受暴力或侵害儿童	24 小时内首次 2 个月内每 2 周 至少 1 次	协助调查、提供儿童心理关爱、落实临时救助政策等
辍学儿童	至少 1 个月 1 次 直至儿童复学满 1 个月	了解儿童未入学、辍学原因，并通过劝说沟通、政策救助等方式协助其就学等
无户籍儿童	至少 1 个月 1 次	宣传户籍政策，动员并协助落户
重残重病儿童	至少 3 个月 1 次	宣传残疾补贴、康复治疗、疾病救助等政策和提供服务资源，普及疾病预防和残疾康复知识等
农村留守儿童	至少 3 个月 1 次	了解评估监护情况，宣传政策、养育知识等
事实无人抚养儿童	至少 3 个月 1 次	了解评估监护情况，宣传政策、养育知识，协助申请福利政策等
散居孤儿、父母重病重残、贫困家庭儿童、有流浪经历的儿童	至少 6 个月 1 次	评估儿童生活质量，宣传政策并监督落实情况，根据儿童需求变化调整帮扶内容等

以上家访频率均为最低参考标准，各地可根据实际情况适当提高频率。在此基础上，儿童主任还可以通过电话、微信等渠道与儿童家庭保持常态化联系。

（3）儿童受侵害现象无处不在，儿童主任应努力做到及时发现、分类上报、协助处理。

◆ 很多人可能认为自己身边没有发生儿童受侵害事件，原因在于：①大家对于儿童侵害的概念不明确，认为暴力管教、不和儿童玩耍与交流等行为不算侵害；②许多侵害事件被隐藏，例如儿童不敢告诉他人自己被家庭暴力，儿童遭受性侵却被威胁不许透露，或年幼儿童不懂什么是性侵害等。

✦ 儿童侵害包括身体侵害，例如打孩子、罚站；精神侵害，例如贬低儿童比邻居家孩子差、冷暴力惩罚儿童；性侵害，例如猥亵、在儿童面前讲黄色笑话、性侵；忽视，例如只玩手机不陪伴儿童、让儿童衣着邋遢等。

✦ 针对儿童侵害，儿童主任应该做到：日常宣传教育（防性侵教育、正面教育技巧等），提供求助渠道（儿童主任办公电话、儿童之家求助箱、公安报警电话 110 等），及早发现（严厉的教育行为、不正常的亲子互动、儿童身上的伤痕等），及时报告（具体参见表 1-6），动员全民参与（邻里协助监督、报告，制止儿童侵害行为等），协助处理（提供儿童和家庭背景信息、陪伴安慰儿童、维护儿童权利、链接专业服务等）。儿童主任要妥善处理儿童在受到侵害后的创伤心理问题，因为不恰当的干预不仅无效，还会造成二次伤害。

表 1-6　上报标准

	儿童主任	儿童督导员
一般报告	向村（居）民委员会及儿童督导员上报：对于事实无人抚养，管教不当、辍学等儿童劝说无效、无户籍无法协调，自行收养未办手续等情况（儿童有遭受侵害风险，或问题未涉及儿童生命安全或法律底线），须 3 日内使用《儿童侵害情况上报表》上报	应在收到儿童主任填写的《儿童侵害情况上报表》一周内前往儿童家庭或通过村（居）民委员会调查情况，完成表格剩余部分的填写工作，并提供有针对性的服务
强制报告*	向公安机关及派出机构上报：儿童失踪、独自居住、正遭受侵害、儿童违法犯罪、儿童伤害他人或自伤、儿童外出流浪乞讨等情况（侵害已经发生，儿童生命受到威胁或触碰法律底线），须 24 小时内同时上报村（居）民委员会、儿童督导员和公安机关	

*当儿童主任发现《关于建立侵害未成年人案件强制报告制度的意见（试行）》中列出的发现未成年人遭受或疑似遭受不法侵害以及面临不法侵害危险的九类情况时也应强制报告。

（4）在家访、儿童之家活动，或社区宣传中向儿童和家长进行预防宣传，这样比出现问题后再处理更有效。

✦ 关于基本生活、医疗健康，监护人学习常识类知识和福利政策后，遇到困境时知道如何寻求外部支持，恢复家庭自我修复的能力。

✦ 关于意外伤害，成人常常忽视对儿童有威胁的意外伤害因素，例如村（居）中的工地、河流池塘、树林、车辆密集的公路，或家中位置较低的电源插口、桌角、油锅，成人趁孩子午睡时外出而孩子醒后从窗户爬出等情况的出现，都是由于成人缺乏"儿童视角"，因此建议成人以"儿童视角"考虑风险因素，并加以预防。

✦ 关于儿童侵害，儿童和家长获得相应知识并掌握应对技巧后可有效预防侵害事件的发生。例如讲解正面管教方法，让家长掌握和儿童有效沟通的技巧；讲解儿童发展知识，让家长正确理解儿童的行为和情绪；讲解防性侵方法，让儿童和家长发现身边隐患以降低风险。

3. 儿童主任和儿童督导员如何配合

（1）儿童主任是儿童服务的直接提供者，当儿童需求无法在村级得到解决时，依照问题严重程度按相应标准上报。

（2）儿童督导员对儿童主任走访工作进行规划和监督，管理走访频率和走访质量；对于儿童主任报告的儿童服务需求，应依据法律和政府福利保障政策开展评估并及时落实服务。

4. 参考案例

（1）父母离婚后，女孩和爸爸一起生活。爸爸喝酒后或心情不好时就会对着女孩发脾气。有一天学校老师发现女孩放学后不愿回家。老师询问后得知，女孩害怕爸爸所以不想回家。老师没办法一直陪着女孩，就亲自把她送回了家。

（2）女孩13岁，轻微智力障碍。父母离异后，母亲失去联系，父亲外出打工。由于奶奶需要去自己女儿家临时照顾外孙，所以把女孩独自留在家中。儿童主任提醒奶奶这样做存在安全隐患，但奶奶没放在心上。于是儿童主任前去给女孩讲解防性侵方法。不出儿童主任所料，村中一名中年男子翻进女孩家试图实施性侵。女孩记住了儿童主任教的方法，于是大声呼救反抗，最终被邻居救下。

（3）2010年儿童主任排查儿童信息时发现一户三口人的困境家庭，奶奶50多岁，女孩小菊（化名）14岁，男孩小义（化名）5岁，两个孩子是表姐弟。小菊出生后患多发性关节挛缩症导致不能行走，一直坐轮椅。父母离婚后，妈妈改嫁，她随爸爸生活，但是爸爸因吸毒被判处劳教。小义妈妈本来嫁到山东，在怀着他时被小义的爸爸从家里赶出来，投靠无门只能回到老家，不久后即在老家生下小义，后因病去世。儿童主任时常家访，为他们申请生活困难补助、低保，通过社会组织申请到缝纫机。2016年小义爸爸去世，儿童主任协调山东省相关部门开具死亡证明，为孩子申请到孤儿养育津贴。2019年，小菊结婚了，生育了一个健康的宝宝，她在家做一些工作获取收入。

（四）工作流程四：服务场所管理

1. 对应职责

表1-7　"服务场所管理"流程对应职责

儿童主任	儿童督导员
职责六：负责管理村（居）民委员会儿童关爱服务场所，支持配合相关部门和社会力量开展关爱服务活动 关键词：服务场所管理	职责五：负责指导村（居）民委员会做好儿童关爱服务场所建设与管理 关键词：指导服务场所管理

2. 重点讲解内容

（1）儿童关爱服务场所为村（居）儿童福利和保护服务提供平台，其功能包括儿童主任办公、开展儿童和家庭活动、接受儿童和家庭求助等。儿童主任的基础工作包括两个方面：①负责场所日常管理，例如房屋清洁和布置、物资接收和维护更新等；②配合开展活动，例如招募参加活动人员和志愿者、维护活动秩序、监督社会组织或志愿者有无侵害儿童行为、向儿童督导员反馈活动效果等。

（2）儿童关爱服务场所每周至少开放1次，每次开放不少于4小时；寒暑假期间每周至少开放2次，累计开放时间不少于8小时。门外悬挂标识及儿童保护报告箱，张贴开放时间、儿童主任姓名及联系方式，室内墙面应张贴安全管理制度。

（3）儿童关爱服务场所的选址原则是位置应居于村（居）中心、周边环境安全、房屋无安全隐患、尽量包含室内室外空间；布置原则是儿童友好，包括安全、便于儿童使用、符合儿童审美、按年龄和功能分区、让儿童有参与感和归属感五个方面。不需要花费大量经费建造儿童关爱服务场所，建议使用现有房屋，有趣的活动才是吸引儿童的关键因素。

3. 儿童主任和儿童督导员如何配合

（1）儿童主任是儿童关爱服务场所的直接管理者，针对场所房屋修缮和物资更新需求，以及活动需求和效果应及时向儿童督导员上报。

（2）儿童督导员负责与村（居）民委员会共同完成儿童关爱服务场所选址和修缮工作，根据儿童主任上报的需求制订年度活动计划、经费预算，并在县级民政部门的支持下引入符合需求的社会组织前往村（居）开展服务。

4. 参考案例

表1-8　推荐活动案例

序号	活动内容
1	主题：中秋节柚子灯手工活动 目标：锻炼儿童动手、团队合作能力，了解中国传统文化 适用年龄：幼儿园及以上
2	主题：校园欺凌绘本阅读主题活动 目标：了解应对校园欺凌的方法 适用年龄：小学和初中
3	主题：《呀！屁股》性教育绘本阅读主题活动 目标：学会保护自己和尊重他人的隐私部位，了解卫生常识 适用年龄：8岁以下
4	主题："六面体"手工制作——儿童自我探索主题活动 目标：了解自己的优势和价值，增强自信 适用年龄：小学及以上

（五）工作流程五：引入社会力量

1. 对应职责

表1-9　"引入社会力量"流程对应职责

儿童主任	儿童督导员
无	职责七：负责协调引进和培育儿童类社会组织、招募志愿者或发动其他社会力量参与儿童工作 关键词：引入社会力量

2. 重点讲解内容

（1）社会组织和志愿者是儿童主任工作的有效补充。儿童主任应作为村（居）级协调配合社会组织和志愿者的人员，儿童主任与社会组织及志愿者之间是合作关系，而不是替代关系。社会组织可以贡献更加专业的服务内容，志愿者可以解决村级人员不足的问题，并且利用个人特长使儿童服务形式更加丰富多样。

（2）应该建立针对社会组织和志愿者的，从筛选、培训、督导，到评估的一套工作标准。其中，社会组织与志愿者的筛选标准一定要严格。

✦ 社会组织：将正规登记注册、以儿童为主要服务对象、有儿童服务经验、员工无犯罪或侵害儿童记录的社会组织作为引进和培育对象，若社会组织员工有儿童社会工作服务经验或具备社工资格证书，可优先考虑。除此以外，应根据儿童和家庭实际需求有针对性地选择社会组织，保证社会组织提供的服务能够有效回应需求。

✦ 志愿者：自愿参与、喜爱儿童、无犯罪或侵害儿童记录、能够参与培训和活动的成人。

（3）在开展服务过程中，要保障儿童、家庭、社会组织工作人员、志愿者的权利。

✦ 社会组织工作人员和志愿者应签署《儿童保护承诺书》，志愿者应同时签署《志愿服务协议》。

✦ 志愿者不得在无儿童主任督导的情况下单独探访儿童、带领儿童外出等。

✦ 应安排志愿者提供其能力范围内的服务，并通过儿童主任向其提供足够支持。

✦ 提前向儿童告知志愿者或其他社会力量提供的支持服务内容等信息，征求儿童意愿，且不得勉强儿童接受服务；当需要儿童或家庭提供个人信息或照片等资料时，应签署《知情同意书》。

✦ 社会组织工作人员或志愿者对儿童出现辱骂、殴打、排挤、性侵害等行为时，儿童主任应立即上报，儿童督导员应严肃处理；情节严重者依法处理。

3. 儿童主任和儿童督导员如何配合

（1）儿童主任向儿童督导员提出链接社会组织资源和招募志愿者的需求，并在儿童督导员指导下配合社会力量参与本村（居）的儿童服务。

（2）儿童督导员根据村（居）需求，寻找、引入、管理、分配合适的社会组织和志愿者前往村（居）服务；并根据儿童主任反馈，对社会组织和志愿者进行评估和调整。

4. 参考活动

小组讨论：你们村/社区需要有能力开展哪些活动的社会组织？

三、讲知识：儿童主任工作管理和计划落实

讲解目标 ············

便于学员了解儿童督导员在儿童主任工作管理、督导中的关系以及督导的内容。

日常工作中，儿童主任需要定期向儿童督导员进行汇报，包括儿童信息收集和更新、个案服务上报或转介，以及需要链接的资源。同时，作为乡镇儿童督导员，对儿童主任的工作要进行相应的管理、培训督导、考核，以及按照上级要求部署相应的工作计划并督促落实等。培训师可以按照民政部门的相应职责在这里作简要介绍，重点可以强调两者之间的指导关系。

儿童主任除了日常工作，还要接受儿童督导员或社会组织专业社工人员的督

导。督导工作包括行政性督导、教育性督导和支持性督导三个方面，通过对儿童主任开展定期的督导工作，帮助儿童主任更好地提升服务质量、落实工作并实现个人成长。

行政性督导包括儿童主任选拔、协调和布置工作计划、监督检查和评估儿童主任工作、资源链接等。

教育性督导主要是帮助儿童主任学习有效开展工作必备的知识和技巧，包括日常培训、专题培训等。

支持性督导主要是帮助儿童主任推进个案服务和跟踪、处理与工作相关的压力、培养其将工作做好的态度。

四、做活动：这是儿童主任的工作吗（必做）

活动目标 ⋯⋯⋯⋯⋯⋯⋯⋯⋯⋯⋯⋯⋯⋯⋯⋯⋯⋯⋯⋯⋯⋯⋯⋯⋯

帮助学员准确理解儿童主任工作边界。

活动方法 ⋯⋯⋯⋯⋯⋯⋯⋯⋯⋯⋯⋯⋯⋯⋯⋯⋯⋯⋯⋯⋯⋯⋯⋯⋯

请培训师列举一些"工作"，让学员判断是否属于儿童主任工作职责，若判断的结果为是，则写出属于哪项职责。请学员先思考得出答案，再组织集体讨论，学员发言分享观点后由培训师总结点评。表1-10为参考内容。

表1-10 儿童主任工作及对应职责

儿童主任工作	是/否	对应职责
1. 村里有一对年轻夫妇刚生了一个宝宝，儿童主任听说以后就带着《儿童和家庭信息表》去做儿童信息录入	是	职责二
2. 儿童主任家访的时候，一进门就看见4岁的小明在厨房跑来跑去，厨房炉灶上还烧着热水。儿童主任提醒小明的奶奶这很危险，要注意孩子的安全。奶奶放下手中的家务去厨房把孩子抱了出来	是	职责三
3. 村里一个新出生的孩子被诊断为先天性心脏病，孩子家里经济困难没钱做手术。儿童主任上报儿童督导给孩子办理大病临时救助，上网查了爱佑慈善基金会救助项目信息，也联系了中国公益研究院项目办咨询其他救助项目	是	职责四

续表

儿童主任工作	是/否	对应职责
4. 儿童之家周末全天开放，留守儿童的课业无人辅导，儿童主任就在儿童之家帮这些孩子辅导作业	否	儿童主任并非课外辅导老师，对于留守儿童学业困难的问题，应通过开展活动改善学生学习习惯、与监护人沟通提升抚养能力、引入大学生志愿者辅导作业、与老师沟通重点关注留守儿童等方式开展工作，而非亲自辅导功课
5. 一个10岁儿童的父亲上个月生病去世，儿童变得内向不爱说话。儿童主任增加了家访次数，每月都去他家，跟他聊天、玩五子棋，观察他的变化	是	职责四
6. 儿童主任听说本村一名7岁女孩被性侵，出现失眠、自残行为。儿童主任很着急，上网查找资料后就去儿童家里和儿童谈心，问她事情经过，现在是否还难过	否	儿童主任不具备开展创伤危机干预等心理咨询的专业能力，不应直接为儿童提供咨询，应上报儿童督导员、协助寻找并提供专业心理服务，并提高家访频率简单了解儿童近况
7. 夏天儿童常在河边玩，为避免发生意外，儿童主任开放儿童之家，和志愿者一起组织看书、画画和体育游戏	是	职责六
8. 村里正在开展精准扶贫工作，需要挨家挨户做调查，村委会主任要求儿童主任一起去	否	精准扶贫挨家挨户做调查的工作不属于儿童主任的职责范围
9. 家长给儿童主任打电话，说儿子跟自己吵架后跑出去一天没回来，拜托儿童主任帮忙找。儿童主任自己去县里好几个网吧寻找，最后终于把孩子找到了	否	家长是儿童第一监护责任人，儿童主任可协助家长寻找儿童，但更应了解家庭冲突原因和严重程度，评估是否有儿童侵害行为，并向家庭讲解正确的管教技巧
10. 家访一名腿部残疾儿童时，她说自己想参加儿童之家活动，但是又怕小朋友取笑她。于是儿童主任协助社工设计了一个她也能参加的活动，并鼓励她参加，也鼓励其他小朋友和她友好相处，在活动中帮助她	是	职责六
11. 儿童督导员安排了3名大学生志愿者来村里帮儿童主任开展活动，儿童主任向村里人介绍了志愿者的情况，在活动中帮忙组织，也监督志愿者的服务效果	是	职责六
12. 爸爸喝醉酒打妈妈，每次孩子都吓得哇哇大哭。儿童主任认为让儿童目睹家庭暴力属于儿童侵害，于是上报了村民委员会和督导员	是	职责五

📖 **授课提示** ————————•

很多时候，儿童主任会出现"到底哪些问题我们应该管，应该管到什么程度"这样的疑问。希望上面这个活动可以为消除儿童主任疑问打下一些基础。同时请培训师提醒学员：在未来的工作中可能会碰到复杂个案，很难简单判断儿童主任的工作边界。因此大家可以考虑以下几个问题：

第一，这个个案是不是包含在国家规定的儿童主任工作职责范围内的？

第二，除了"儿童主任"这个外部支持，这名儿童还有家庭、朋友、老师等其他更有效的资源可以帮他（她）解决眼前的问题吗？

第三，如果你没有更多地提供支持，你会久久不能释怀吗？

回答这三个问题后，也许儿童主任就会有一个适合自己的答案了。

五、讲知识：儿童主任三大服务方式

讲解 🔲 🎧 ⋯⋯⋯⋯⋯⋯⋯⋯⋯⋯⋯⋯⋯⋯⋯⋯⋯⋯⋯⋯⋯⋯⋯⋯⋯⋯

帮助学员简单了解常用的工作方式。

家访、儿童关爱服务场所（儿童之家）活动、社区宣传是儿童主任可以使用的最主要的三种服务方式。这里只需简要介绍，请培训师提示学员具体工作技巧将在其他培训课程中进行讲解。

六、讲知识：儿童主任工作原则

讲解 🔲 🎧 ⋯⋯⋯⋯⋯⋯⋯⋯⋯⋯⋯⋯⋯⋯⋯⋯⋯⋯⋯⋯⋯⋯⋯⋯⋯⋯

使学员了解工作中需遵守的工作原则，保证不因工作方法和态度不当导致儿童受到伤害。

请培训师带领学员深入讨论每一个原则的含义和设立原因。使用情景讨论、案例分享等方式帮助学员把抽象的语言与实际工作有效结合。

原则一：儿童利益最大化原则。

✦ 原则内容：以维护和增进儿童福祉为出发点和落脚点，并以此为基本原则处理和解决与儿童相关的具体事务，确保儿童利益得到优先和最大化保障。

✦ 情景讨论：父母离婚时都想争取 6 岁女儿的抚养权，我们应该从哪些角度去考虑，保证判决过程符合儿童利益最大化原则？

✦ 讨论方向：从亲子关系、父母双方经济状况、对女儿的教育态度、女儿自己的意愿、女儿的年龄等角度考虑。如 6 岁女儿表示"我想跟爸爸，因为爸爸从来不管我，还经常买零食，但是妈妈对我的言行有要求"，那么女儿自己的意见就不应该完全被采纳。

原则二：认真负责原则。

✦ 原则内容：有爱心、有责任心，做到尽职尽责、有始有终，确保本辖区儿童生存、发展、安全权益得到有效保障。回应儿童和家庭的需求时，需要专业地判断这个问题是否为自己能力所及。若在自己能力范围内，就要负责到底；若在能力范围之外，应积极寻求外部支持。

✦ 情景讨论：社区发生严重的父亲家暴儿童事件，孩子出现明显创伤后症状，妈妈希望儿童主任代替自己劝劝孩子，还希望儿童主任能够多帮助申请一些临时救助。

✦ 讨论方向：创伤干预是非常专业的心理咨询服务，未接受过专业训练的儿童主任不适合提供此项服务，应将其转介到专业机构。政府临时救助有明确标准，儿童主任应该向孩子妈妈介绍政策内容，努力协助申请，但不必承诺结果。

原则三：专业素养原则。

✦ 原则内容：及时学习国家与地方出台的儿童关爱保护相关政策法规，掌握当地与儿童相关的关爱保护政策要求和办事程序，做好政策法规宣传和协助政策落实工作。认真参加培训活动，积极参与儿童社会工作专业知识学习，充分利用培训资源，开展自主性、持续性学习，努力提升自身素养，为儿童提供更专业的服务。向儿童及其父母或法定监护人提供服务时，应做到平易近人，热情谦和，主动沟通，耐心倾听。

✦ 情景讨论：儿童之家活动启动后，有的父母总是不按时来接孩子回家，儿童主任就只好陪着孩子。有些父母有儿童主任的手机号码，常常晚上9点多给儿童主任打电话咨询问题，儿童主任该怎么做？

✦ 讨论方向：无论儿童还是家长，在接受儿童主任服务时应遵守一定规定，如按时接送、遵守儿童之家纪律、在工作时间咨询问题等。因此儿童主任需要在服务前明确表明儿童和家长应遵守的规定并严格执行，礼貌而坚定地向父母解释制定这些规定的原因，期待父母的理解和支持。儿童主任应明确好适合自己的公私分界，过于妥协和牺牲个人利益并不利于保持积极的工作态度。

原则四：不歧视原则。

✦ 原则内容：不因儿童或其父母或法定监护人的种族、肤色、性别、语言、宗教、政治或其他见解、民族、族裔，或社会出身、财产、伤残、出身或其他身份而对儿童有任何差别对待。

✦ 情景讨论：是否会有村（居）民因为某个儿童的家长不受邻居欢迎，就限制自己家孩子与对方家孩子一起玩耍？儿童之家活动时经常组织跳绳、打球等体育活动，患有多发性关节挛缩症的孩子不敢参加，有些孩子还会模仿他走路。在这种情况下，儿童主任该怎么办？

✦ 讨论方向：儿童主任可以分别前往歧视和被歧视儿童家里进行家访，也可组织一些适合被歧视儿童，或能体现被歧视儿童优点的活动，帮助歧视儿童的人认识到每个人之间的差异并无好坏之分，帮助被歧视儿童增强自信并接纳自己的差异。

原则五：暴力零容忍原则。

✦ 原则内容：不对儿童采用任何形式，包括身体、语言、情感及性方面的暴力。对暴力行为、疑似暴力行为或评估有暴力行为风险的，应当及时采取劝诫、报告、制止等措施，并根据情节严重程度，判断需要哪些相关部门介入。

✦ 情景讨论：入户家访时，儿童主任发现 8 岁男孩因为成绩差正在被父亲用木棍打，父亲说不打不成才。孩子一边哀号一边躲闪。

✦ 讨论方向：儿童主任处理此类问题的底线和原则有哪些，以及怎样共情孩子和家长的感受？在任何时候对儿童使用暴力都是不可以被接受的事情。儿童主任需在保障自身安全的前提下保护儿童，尽可能将父亲和男孩分开，单独进行沟通和抚慰后再来解决。儿童主任需要根据情节严重程度，确认处理方式是劝诫、上报还是强制报告。此外，针对儿童可从理解痛苦、帮助其找到学习动力等方面开展工作；针对父母可从使其理解暴力管教的后果等方面展开工作，并提供家庭教育指导，从而化解亲子矛盾。

原则六：依法保护原则。

✦ 原则内容：遵循相关法律和政策规定，并结合实际情况综合考虑道德观念和社会伦理，依法保障儿童合法权利。

✦ 情景讨论：儿童主任收到一名 16 岁女孩的求助，她不想嫁给同村的一名男性，但是父母说已经收了彩礼，告诉儿童主任别多管闲事。儿童主任应该怎么办？

✦ 讨论方向：法律对儿童的保护边界应该由谁来确认，儿童主任在处理复杂的儿童权益保护个案时可以向谁求助化解困难？《中华人民共和国民法典》规定结婚应当男女双方完全自愿，女性 20 岁、男性 22 岁为法定最早结婚年龄。可以就支持女孩的方法进行讨论，例如：联合村（居）民委员会上门劝说，了解强制结婚背后的原因并提供法律援助等支持。

原则七：保密原则。

✦ 原则内容：遵守保密规定，保护儿童及其家庭的隐私，防止因隐私保护不当使儿童受到伤害。当儿童生命安全受到威胁，或发生违法行为时，可以打破保密原则。

✦ 情景讨论：15 岁的女孩喜欢班里的一个男孩，导致她上课分心影响了学习成绩。她把这个情况告诉了儿童主任，并叮嘱他千万不要告诉自己的妈妈。儿童主任知道女孩的妈妈坚决反对女儿高中谈恋爱。儿童主任该怎么办？后来女孩失恋了，她跟儿童主任说太伤心了不想活了，并叮嘱儿童主任千万不要告诉任何人。儿童主任又该怎么办？

◆ 讨论方向：在保密原则下，儿童主任应根据情况采取不同的应对方式。对于女孩恋爱的情况可保密，但同时应该与女孩讨论什么是健康的两性关系，如何调整心态避免影响学业，如何保护自己等。但当面对女孩产生轻生念头甚至准备付诸行动时，应打破保密原则，告诉女孩不能继续帮她保密，并立即向女孩的监护人报告情况。

第三节　新入职半年主要工作任务（5分钟）

> **内容简介**：本节包含1个环节，培训师帮助学员熟悉就职后6个月内的4项主要工作任务，并使学员能够理解将这4项工作优先安排的原因。

综合考虑工作地区面临的主要问题和儿童主任的能力，建议学员在入职后6个月内，把以下4项作为主要工作任务。请培训师解释任务设置的原因和重要性，建议学员利用培训中其他课程教授的知识和技巧完成这几项工作。

表1-11　工作任务表

序号	任务名称	原因
1	建立儿童档案	了解儿童和家庭情况是提供服务的基础，因此通过家访、翻阅资料等方式对本辖区儿童情况进行全面了解是儿童主任就职后的第一项工作
2	落实政策保障	掌握儿童信息后就会挖掘出个案需求，针对非常紧急的和现有政策可以有效解决的，要优先处理
3	布置和开放儿童关爱服务场所（儿童之家）	在儿童主任工作初期，利用课程中教授的布置和宣传技巧，吸引儿童和家庭前往参加活动，这既有利于与儿童和家庭建立良好的工作关系，又是一个较为容易上手的工作方法。在儿童主任没有能力开展较为复杂的和专业性强的小组活动时，可以利用玩具开展游乐活动
4	改善社区环境	改善社区环境，既可减少意外伤害事件，又可通过物理环境增强居民关爱儿童的意识，还可增加儿童对家乡的热爱之情。儿童主任可以组织儿童和家长一同参与社区风险隐患排查，或社区布置等活动

第二讲　儿童福利和保护政策

课程简介 ▶ ··

　　本课程内容时长为 1 小时，包含 1 个授课重点。本讲课程是为新上岗儿童主任准备的政策普及课，包括与民政部门紧密相关的政策法规、适用于授课地区各类儿童的救助保障标准、授课地区儿童福利与保护工作规划等内容。本讲课程将通过系统、详细地梳理近年来我国儿童福利与保护领域，特别是民政部门主导发布的政策法规，帮助学员了解儿童福利与保护工作的宏观政策环境，及其对自身工作的指导作用。

授课目标 ▶ ··

①学员了解本省份儿童的福利和保护需求。

②学员意识到自己工作的重要性以及国家对儿童服务要求的严格性，并了解本省份民政部门对本岗位的工作要求。

③学员掌握本省份儿童福利保护工作进展和保障标准。

④学员了解本省份儿童福利保护工作发展方向。

授课重点 ▶ ··

　　与儿童主任日常工作密切相关的政策规定。

给培训师的话 ▶ ··

　　儿童主任或儿童督导员是基层执行儿童福利和保护服务的工作人员，他们十分关心本省份政策和工作规划给自身工作带来的影响。在实际授课过程中，该讲课程内容多由政府部门相关工作人员进行介绍，故而不作较多内容和活动举例。若培训师确实需要介绍宏观政策，则务必重点讲解与一线工作者密切相关的细节内容。

授课流程 ▶ ··

第一节　哪些是儿童主任必须了解的知识（45 分钟）

　　一、讲政策：与儿童主任密切相关的政策法规

二、讲知识：本省份儿童救助保障制度内容

三、讲知识：本省份儿童福利与保护工作规划

第二节 哪些是儿童主任最关心的问题（15 分钟）

一、讲知识：本省份民政部门对儿童主任、儿童督导员的工作要求

二、讲知识：儿童主任、儿童督导员可享受的岗位福利

第一节 哪些是儿童主任必须了解的知识（45 分钟）⏱

> **内容简介：**本节包含 3 个环节，培训师通过依次讲解与儿童主任密切相关的政策法规、本省份儿童救助保障制度内容、本省份儿童福利与保护工作规划的知识，使学员了解与本岗位相关的政策、工作目标等背景信息。

一、讲政策：与儿童主任密切相关的政策法规

讲解目标 ··

帮助学员了解与儿童主任岗位要求相关、以民政部门为主导的政策法规。

例如：

✦《国务院关于加强困境儿童保障工作的意见》（国发〔2016〕36 号）

✦《国务院关于加强农村留守儿童关爱保护工作的意见》（国发〔2016〕13 号）

✦《国务院关于建立残疾儿童康复救助制度的意见》（国发〔2018〕20 号）

✦《关于进一步健全农村留守儿童和困境儿童关爱服务体系的意见》（民发〔2019〕34 号）（见附录 1）

✦《关于进一步加强事实无人抚养儿童保障工作的意见》（民发〔2019〕62 号）（见附录 2）

✦《关于做好因突发事件影响造成监护缺失未成年人救助保护工作的意见》（民发〔2021〕5 号）（见附录 3）

✦《中华人民共和国未成年人保护法》（节选，见附录 4）

✦《中华人民共和国反家庭暴力法》中强制报告和民政职责部分（节选，见附录 5）

✦《关于建立侵害未成年人案件强制报告制度的意见（试行）》（见附录 6）

✦《关于印发〈农村留守儿童和困境儿童关爱服务质量提升三年行动方案〉的通

知》（民发〔2023〕62 号）（见附录 7）

二、讲知识：本省份儿童救助保障制度内容

讲解 ⬛预 ··

帮助学员了解有关政策支持并需要儿童主任负责统计的儿童类型。

1. 散居孤儿、事实无人抚养儿童、艾滋病病毒感染儿童界定方法和生活补贴标准

《国务院办公厅关于加强孤儿保障工作的意见》（国办发〔2010〕54 号）指出，孤儿是指失去父母、查找不到生父母的未满 18 周岁的未成年人，由地方县级以上民政部门依据有关规定和条件认定。为满足孤儿基本生活需要，建立孤儿基本生活保障制度。

《民政部 财政部关于发放艾滋病病毒感染儿童基本生活费的通知》（民发〔2012〕179 号）规定，自 2012 年 1 月起为全国携带艾滋病病毒及患有艾滋病的儿童（统称艾滋病病毒感染儿童，以下简称"感染儿童"）发放基本生活费。各省（自治区、直辖市）要根据城乡生活水平、儿童成长需要和财力状况，按照不低于当地平均生活水平的原则，合理确定感染儿童基本生活费标准。

2. 留守儿童界定方法和受委托监护确认书签署方法

以四川省资阳市为例，为贯彻落实民政部、中央综治办等八部门发布的文件《关于在全国开展农村留守儿童"合力监护、相伴成长"关爱保护专项行动的通知》（民发〔2016〕198 号），县（区）民政局要将摸底排查中发现的无人监护、父母一方外出另一方无监护能力的农村留守儿童花名册通报给公安机关和当地乡镇人民政府（街道办事处）。对农村留守儿童父母暂时无法返家的，乡镇人民政府（街道办事处）、村（居）民委员会要督促和指导其选择具备较强监护能力和监护意愿的亲属、朋友担任受委托监护人，并指导受委托监护人签订《农村留守儿童委托监护责任确认书》，落实委托监护责任。

表2-1　资阳市农村留守儿童委托监护责任确认书

留守儿童情况	姓　名		性　别		公民身份证号码	
	就读学校		现居住地			
留守儿童父母情况	父亲姓名		公民身份证号码		联系电话	
	母亲姓名		公民身份证号码		联系电话	
	当前务工地点					
受委托监护人情况	姓　名		公民身份证号码		联系电话	
	与留守儿童的关系		现居住地			
	委托监护期限					

　　本人_____（受委托监护人姓名）受_____（监护人姓名）委托，担任_____（儿童姓名）的受委托监护人，并自愿接受乡镇人民政府（街道办事处）和村（居）民委员会的监督和指导。具体委托监护事项及权利、义务由_____（监护人姓名）与本人协商确定。

　　现对上述情况予以确认。

受委托监护人（签字）：　　时间：　年　月　日

监督人（盖章）：××村居民委员会　　时间：　年　月　日

填表证明人（签字）：　　时间：　年　月　日

　　注：本表一式叁份，留守儿童所在的村民委员会一份，学校一份，家长或委托监护人一份。填表证明人可以是村民委员会主任或成员、留守儿童班主任等。

3. 受家暴儿童强制报告和临时安置方法

诸多法律法规对强制报告作出了规定：

《中华人民共和国反家庭暴力法》第十四条规定，学校、幼儿园、医疗机构、居民委员会、村民委员会、社会工作服务机构、救助管理机构、福利机构及其工作人员在工作中发现无民事行为能力人、限制民事行为能力人遭受或者疑似遭受家庭暴力的，应当及时向公安机关报案。公安机关应当对报案人的信息予以保密。

《中华人民共和国未成年人保护法》第十一条规定，国家机关、居民委员会、村民委员会、密切接触未成年人的单位及其工作人员，在工作中发现未成年人身心健康受到侵害、疑似受到侵害或者面临其他危险情形的，应当立即向公安、民政、教育等有关部门报告。

《关于建立侵害未成年人案件强制报告制度的意见（试行）》第十二条指出，公安机关、妇联、居民委员会、村民委员会、救助管理机构、未成年人救助保护机构发现未成年人遭受家庭暴力或面临家庭暴力的现实危险，可以依法向人民法院代为申请人身安全保护令。

4. 本省份特有的困境儿童界定范围和生活补贴标准

《国务院关于加强困境儿童保障工作的意见》将困境儿童界定为"因家庭贫困导致生活、就医、就学等困难的儿童，因自身残疾导致康复、照料、护理和社会融入等困难的儿童，以及因家庭监护缺失或监护不当遭受虐待、遗弃、意外伤害、不法侵害等导致人身安全受到威胁或侵害的儿童"，要求加强困境儿童基本生活、基本医疗和教育保障，落实监护责任，加强残疾儿童福利服务。

以河南省为例，河南省人民政府办公厅《关于加强困境儿童保障工作的实施意见》（豫政办〔2017〕47号）指出该政策的保障对象为：①孤儿。失去父母、查找不到生父母的未满18周岁的未成年人。②特困儿童。无劳动能力，无生活来源，法定抚养人无抚养能力的未满16周岁的未成年人。③重病重残儿童。因自身患重大疾病（病种参照我省城乡医疗救助制度相关重大疾病名录）、残疾（残疾等级为二级及以上）导致医疗、康复、照料、护理和社会融入等困难的未满18周岁的未成年人。④贫困家庭儿童。符合城乡低保条件的家庭中就医、就学、维持正常基本生活面临困难的未满18周岁的未成年人，包括符合低保条件的农村建档立卡贫困家庭儿童。⑤其他困境儿童。遭遇突发性、紧迫性、临时性生活困难、监护缺失或监护不当伤害的未满18周岁的未成年人，包括打拐解救儿童、服刑人员子女、强制隔离戒毒人员子女、受虐待儿童、被恶意弃养儿童等需临时救助庇护的儿童。保障标准为：①对符合孤儿基本生活保障条件的儿童，纳入孤儿基本生活保障范围，保障标准按照现行政策文件标准执行，保障经费从原经费渠道解决，艾滋病病毒感染儿童保障标准参照孤儿保障标准执行；②对符合特困人员救助供养条件的儿童，纳入特困人员救助供养范围，保障标准按照特困人员救助供养标准执行，保障经费从原经费渠道解决；③对符合条件的重病重残儿童、贫困家庭儿童，纳入低保救助范围，并适当提高救助标准，具体标准按照当地最低生活保障标准执行，所需资金从困难群众基本生活资金中列支；④对遭遇突发性、紧迫性、临时性基本生活困难家庭的儿童，按规定由当地民政部门实施临时救助，并适当提高救助标准；⑤由各级民政部门及其所属儿童福利机构收留抚养或临时监护的其他困境儿童，参照机构养育孤儿基本生活最低养育标准全额执行，保障经费由同级政府财政解决。

三、讲知识：本省份儿童福利与保护工作规划

讲解目标 ···

让学员对本省份下一步工作方向有所了解，以保证他们的工作目标与宏观环境保持一致，并对未来工作发展充满希望。

近年来，儿童福利与保护工作得到了越来越多的关注和重视。2021 年 5 月，《"十四五"民政事业发展规划》正式印发，与以往民政事业发展规划相比：一是儿童工作被置于民政服务更重要的位置；二是未成年人保护体系建设首次写入规划，"十四五"规划设立"健全未成年人保护体系"专节，强调发挥未成年人保护工作协调机制作用，强化未成年人监护能力建设；三是提升基层服务能力将成为工作重点，机构设施方面，未成年人保护工作站将覆盖 50% 的乡镇（街道），推动县级儿童福利机构转型为未成年人救助保护机构，人员队伍方面，村（居）民委员会设立专人专岗，儿童主任培训参训率达到 100%。同年 6 月，《国务院未成年人保护工作领导小组关于加强未成年人保护工作的意见》正式印发，提出"儿童数量较多的村（社区）要增设补充儿童主任"，依托儿童主任队伍履行社会保护职责，儿童主任队伍建设迎来新机遇。2021 年 8 月 25 日，国务院常务会议审议通过了《中国儿童发展纲要（2021—2030 年）》，围绕健康、教育、社会保障和福利、家庭、环境、法律等领域，提出了目标和措施，也将"儿童优先原则"置于重要地位，要求更加注重家庭、学校、社会和网络对儿童的全方位保护。

坚持选优配强，确保有能力、有爱心、有责任心的人员从事儿童关爱保护服务工作，做到事有人干、责有人负。村（居）民委员会要明确由村（居）民委员会委员、大学生村官或者专业社会工作者等人员负责儿童关爱保护服务工作，优先安排村（居）民委员会女性委员担任……

——《关于进一步健全农村留守儿童和困境儿童关爱服务体系的意见》（民发〔2019〕34 号）

作为儿童主任，也应对本省份下一步的工作方向有所了解，以保证自身工作目标与宏观环境保持一致，并对未来工作发展充满希望。

第二节　哪些是儿童主任最关心的问题（15分钟）⏱

> **内容简介：** 本节包含2个环节，培训师讲解民政部门对儿童主任、儿童督导员的工作要求及儿童主任、儿童督导员可享受的岗位福利，让学员知道自己应该如何开展工作及可享受的福利保障。

一、讲知识：本省份民政部门对儿童主任、儿童督导员的工作要求

讲解目标 ⋯⋯⋯⋯⋯⋯⋯⋯⋯⋯⋯⋯⋯⋯⋯⋯⋯⋯⋯⋯⋯⋯⋯⋯⋯⋯⋯⋯⋯⋯⋯⋯

让学员清晰准确地了解自己工作的具体要求。

例如：

✦ 工作时长、工作质量要求；

✦ 思想品德要求；

✦ 专业技能要求。

各地要建立和完善儿童督导员、儿童主任工作跟踪机制，对认真履职、工作落实到位、工作成绩突出的予以奖励和表扬，并纳入有关评先评优表彰奖励推荐范围；对工作责任心不强、工作不力的及时作出调整⋯⋯

——《关于进一步健全农村留守儿童和困境儿童关爱服务体系的意见》

以广州市为例，《广州市儿童督导员、儿童主任工作规范（试行）》规定，儿童主任应当每年对辖区内所有儿童进行一次全面摸排，每个季度至少走访一次辖区内的所有农村留守儿童和困境儿童。儿童督导员、儿童主任在工作中应做到：

（一）坚持儿童利益优先、儿童利益最大化，促进儿童尤其是农村留守儿童和困境儿童健康成长、全面发展；

（二）自觉践行社会主义核心价值观，弘扬中华民族传统美德，爱岗敬业，乐于奉献，真诚服务；

（三）严格执行儿童福利工作政策，认真学习农村留守儿童和困境儿童文件规定，不断提高政策理论水平和服务保障业务能力，依法开展农村留守儿童关爱保护和困境儿童保障服务工作；

（四）严格遵守保密和档案管理、信息系统管理等规定，保护儿童的肖像权、个人信息、家庭信息等隐私；

（五）注重仪容仪表，态度亲和、语言文明、行为得体，以仁爱之心、关爱之情尊重爱护农村留守儿童和困境儿童；

（六）遵纪守法，廉洁自律，不得以工作之便谋取不正当利益。

二、讲知识：儿童主任、儿童督导员可享受的岗位福利

讲解目标 ··

让学员了解从儿童主任岗位工作中可以收获什么。

例如：

✦ 儿童主任每月工作补贴；

✦ 参与全国"最美儿童主任"评选活动的机会等；

✦ 外出学习交流机会等。

第三讲　儿童权利

......

　　本课程内容时长为 2 小时，包含 4 项必备活动。本讲课程是儿童主任就职后的基础必学课程，包含儿童权利的内容、责任主体和原则等。本讲课程将重点通过小组讨论、案例分析等方式，帮助新任儿童主任掌握儿童权利的基本理念，为开展工作和学习专业技能奠定理论基础。

授课目标 ▶ ......

　　①学员理解儿童权利的内容并能将其与实际工作相结合。

　　②学员明白儿童权利的责任主体及儿童主任的定位。

　　③学员理解儿童权利四项原则。

授课重点 ▶ ......

　　儿童的概念、儿童权利的内容、儿童权利保护责任主体、儿童权利的四项原则。

给培训师的话 ▶ ......

　　本讲的核心目标是让儿童主任了解儿童具有的权利并能够将其联系到具体案例当中。建议培训师增加案例讨论以达到此目标。联合国《儿童权利公约》为"舶来品"，为了使儿童主任理解其内容并发生行动上的改变，课程中应清晰介绍中国儿童保护责任体系，明确儿童主任在体系中的角色定位。让儿童主任掌握四项原则并做出行动上的改变也是授课的重要目标。

授课流程 ▶ ......

第一节　儿童的概念（20 分钟）

　　　　一、讨论：哪些人是儿童

　　　　二、讲知识：儿童的定义

第二节　儿童权利的内容（60 分钟）

　　　　一、做活动：把一名儿童养育成优秀的人，你认为需要提供哪些外部资源

（必做）

二、讲知识：《儿童权利公约》内容简介

三、做活动：侵害儿童权利的案例讨论

第三节　儿童权利保护责任主体（10分钟）

讲知识：儿童权利保护的责任主体

第四节　儿童权利的四项原则（30分钟）

一、讲知识：儿童权利的四项原则简介

二、讨论：以下哪些人的行为违反了四项原则

第一节　儿童的概念（20分钟）🕐

内容简介：本节通过讨论引入儿童的概念，让学员理解18周岁以下任何人无论出现什么情况仍属于儿童；通过对"儿童"定义的讲解让学员明确儿童的概念。

一、讨论：哪些人是儿童

讨论目标 ⋯⋯⋯⋯⋯⋯⋯⋯⋯⋯⋯⋯⋯⋯⋯⋯⋯⋯⋯⋯⋯⋯⋯⋯⋯⋯⋯⋯⋯⋯⋯⋯⋯⋯⋯⋯⋯⋯

启发学员理解18周岁以下的任何人都是儿童。

讨论步骤 ⋯⋯⋯⋯⋯⋯⋯⋯⋯⋯⋯⋯⋯⋯⋯⋯⋯⋯⋯⋯⋯⋯⋯⋯⋯⋯⋯⋯⋯⋯⋯⋯⋯⋯⋯⋯⋯⋯

第一步：培训师通过举手或在线投票等方式，让学员对讨论素材中的问题进行投票。

第二步：基于18周岁以下的任何人皆为儿童，培训师总结儿童的基本特点并解释所有案例中的人物都是儿童的原因。

讨论素材 ⋯⋯⋯⋯⋯⋯⋯⋯⋯⋯⋯⋯⋯⋯⋯⋯⋯⋯⋯⋯⋯⋯⋯⋯⋯⋯⋯⋯⋯⋯⋯⋯⋯⋯⋯⋯⋯⋯

问题：你认为以下哪些人属于儿童？

1. 李强（化名），男，16岁，初中没毕业就外出打工，最近交了女朋友准备结婚。

2. 张丽（化名），女，17岁，已婚，育有一女，最近怀上了二胎。

3. 孙勤（化名），男，16岁，因抢劫罪在少管所服刑。

4. 周玫（化名），女，14岁，有智力障碍，和爷爷奶奶生活，常年在家不出门。

5. 李沁（化名），女，11岁，父亲入狱，母亲去世，没有户籍，长期住在姨妈家。

参考答案：以上人员均属于儿童，因为他们均不满18周岁。

二、讲知识：儿童的定义

讲解目标 ···

使学员理解儿童是 18 周岁以下的任何人。

儿童系指 18 周岁以下的任何人。——《儿童权利公约》第一条

未成年人是指未满十八周岁的公民。——《中华人民共和国未成年人保护法》第二条

将儿童的范围定在 18 周岁以下是因为个体从受精卵开始算 8000 天才能发育成熟，也就是说个体在 18 周岁之前，身体、心理等方面还不够成熟，需要被重点保护。所以，儿童的定义是指 0~18 周岁的任何人。

第二节　儿童权利的内容（60 分钟）

> **内容简介**：本节先通过活动让学员理解儿童的基本权利有哪些及儿童为什么需要受到保护；再通过儿童权利内容的知识讲解和视频播放，使学员深入了解公约的背景及基本内容；最后通过分组案例讨论训练学员运用儿童权利知识分析案例的能力，并巩固记忆儿童权利的内容。

一、做活动：把一名儿童养育为优秀的人，你认为需要提供哪些外部资源（必做）

活动目标 ···

帮助学员梳理儿童成长过程中有哪些需求，其中哪些是必要的，通过梳理基本需求理解儿童。

活动工具 ···

每组 2 张大白纸，每组 1 根白板笔，每组 1 卷胶带。

活动步骤 ···

第一步：将学员分组（建议 10 人以内一组），每组学员在 1 张大白纸中央画一名儿童，并在周围写出把一名儿童养育成优秀的人，需要提供哪些外部资源，至少写 10 个。

第二步：培训师告知学员，由于资源有限，只能选择 5 个资源给予儿童，请大家

从之前的资源中选取 5 个必要的，其余划掉，完成后请各组将大白纸贴在墙上展示。

第三步：各组分享讨论结果，培训师根据分享内容引导儿童主任找到儿童最基本的需求并进行适当补充，然后与儿童的基本权利相联系。

活动解析 ···

为了使一名儿童成长为优秀的人，应为其提供以下资源的支持。

1. 提供基本生存保障：安全且干净的住所、富有营养的食物、安全的饮用水、保暖的衣服、良好的卫生和医疗保障，拥有姓名、身份和国籍等。

2. 获得关爱、照料和健康人际关系：和父母居住，父母或照顾者的陪伴、获得关心和照顾、拥有朋友等。

3. 获得适当的教育和信息：获得义务教育及高中、大学教育。

4. 获得保护：免受任何剥削和伤害（包括忽视、性侵、身体或精神暴力、毒品、被奴役或雇佣等）。

5. 意见被尊重：想法被尊重、可以参与与儿童有关的事务并表达想法。

以上为最基本的儿童需求，培训师可根据各组分享情况将外部资源进行归类总结并与儿童权利相联系，向儿童主任讲解：儿童成为一名优秀的人需要的资源中，有些是可有可无的，有些则是必需的，这些必需的资源满足的需求就是儿童的基本权利，作为儿童主任应该积极保护儿童的基本权利。

二、讲知识：《儿童权利公约》内容简介

讲解目标 ···

使学员了解联合国《儿童权利公约》制定的背景及具体内容。

1989 年 11 月 20 日联合国大会通过。1990 年 9 月 2 日生效。1990 年 8 月 29 日中国签署《儿童权利公约》（以下简称公约）。1991 年 12 月 29 日全国人大常委会批准中国加入公约。公约于 1992 年 4 月 2 日对中国生效。联合国成员国中只有美国没有加入公约。公约共 54 条，明确规定了四项原则和儿童 4 个方面的各项权利。公约的精神和具体内容在《中华人民共和国未成年人保护法》等法律法规中得以体现。

公约的 54 个条款中包括 4 个方面的儿童权利内容：

✦ 生存权方面：拥有生命安全和获得基本生活保障。

✦ 发展权方面：潜能得以最大限度发展。

✦ 受保护权方面：保护所有儿童免受忽视和暴力伤害。

✦ 参与权方面：表达、被倾听、儿童组织、作决定。

（公约具体内容见本讲资料1）

📖 授课提示 ————————•

此段讲解建议使用视频播放教学，促进儿童主任了解相关知识并提高听课注意力。
请下载《社区儿童社工初级网络课程（必备十课）》中与儿童权利相关的课程内容。

三、做活动：侵害儿童权利的案例讨论

活动目标 ············

帮助学员进一步掌握儿童权利的4个方面，并理解这些权利相互依存，不可分割。

活动工具 ············

每组1张大白纸，每组1根白板笔，每组1卷胶带。

活动步骤 ············

第一步：根据小美（化名）的案例，每组在大白纸上写出：案例中什么人的哪些行为是错误的，侵犯了小美的哪些基本儿童权利（限时15分钟）？完成后将大白纸贴在墙上展示。

第二步：各组分享讨论结果，由培训师根据分享进行解释和总结。

活动素材 ············

小美，16岁。6年前父母离婚，法院判决时，小美希望跟着父亲生活，但法院考虑女孩适合母亲抚养，便把抚养权判给了母亲。母亲拒绝抚养小美，离婚后没看过她，没给过抚养费，听说再婚了。4年前，父亲在给别人装空调的时候意外坠楼死亡，当时小美正在准备小升初考试。爷爷怕小美伤心影响考试，等她考完试才把这个消息告诉她。她也错过了父亲的遗体告别仪式。之后小美和爷爷奶奶一起住，爷爷奶奶年龄近70岁。房子是上下两层，上层有单独的楼梯可以从外面进入。小美大了，爷爷奶奶就让她自己住在楼上。上高中后，爷爷觉得家里穷，女孩学多了没用，希望小美辍学外出打工。儿童主任了解到小美及其家庭的情况，劝说爷爷并帮助小美申请了低保救助，同时有爱心人士捐款资助，小美才得以继续上学。爱心人士带礼物来看小美时，儿童主任在村里举办了捐赠仪式。现在，爷爷每天在街上拉人力板车帮人搬家，赚钱补贴家用。奶奶一边照顾孩子一边做棉拖鞋，一双棉拖鞋挣1.8元。

小美和儿童主任关系不错。她跟儿童主任说，她交了个男朋友，还给儿童主任看了男孩的照片。儿童主任担心谈恋爱影响小美的成绩，就偷偷跟奶奶说了这个情况，希望奶奶多关心小美。

活动解析 ···

侵犯小美基本儿童权利的行为是：

1. 法院进行抚养权判决时没有尊重小美的想法。法院侵犯了小美的参与权。

2. 母亲没有尽抚养义务，既没有抚养也没有支付抚养费。母亲侵犯了小美生存权、发展权及受保护权。

3. 爷爷奶奶没有及时告诉小美父亲去世的消息导致她错过告别的机会。爷爷奶奶侵犯了小美的参与权。

4. 小美单独居住在二楼，外人可以轻易闯入二楼，存在安全隐患。这侵犯了小美的受保护权。

5. 爷爷让小美停学打工，侵犯了小美的接受教育的权利。爷爷侵犯了小美的发展权。

6. 在没有征得小美及家人同意的情况下，儿童主任不能公开举办捐赠仪式，否则会侵犯小美及家人的隐私。儿童主任侵犯了小美的受保护权。

7. 儿童主任在没有征得小美同意的情况下，把小美男朋友的情况告知小美奶奶，泄露了小美的隐私，也失去了小美的信任，儿童主任侵犯了小美的受保护权。

第三节　儿童权利保护责任主体（10 分钟）⏱

> **内容简介**：通过讲解，让学员了解儿童主任在维护儿童权利中的角色定位。同时明确儿童的权利遭受侵害时，学员要掌握哪些人或机构有责任保护儿童并为其提供支持。本节课程时间较短，建议培训师直接介绍。

讲知识：儿童权利保护责任主体

讲解目标 ···

使学员明白儿童权利保护的责任主体是谁，并都有哪些责任和权利？

在儿童权力保护责任主体示意图（图 3-1）中，不同责任主体的责任和权利如下：

儿童：有获得监护和适当照料的权利。

父母责权：应承担监护和照料儿童的责任。在监护能力不足时，有向国家请求监护支持的权利。

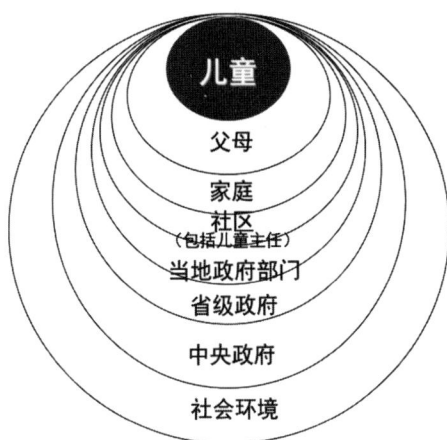

图 3-1　儿童权利保护责任主体示意图

国家责权：在责任主体中，国家包括社区、当地政府部门、省级政府、中央政府。国家通过公共服务、教育、卫生等服务以及各类救助政策对儿童家庭提供支持和帮助。并在家庭监护能力不足时，承担为儿童提供监护干预或监护替代的责任。其中国家的各类服务具体包括：

✦公共服务：为确保儿童家庭参与社会经济、政治、文化生活提供的基础设施建设、教育、科技、文化、卫生、体育等公共事业的发展。

✦教育支持：确保儿童接受义务教育，保证儿童实现发展权；协助家长处理儿童学习、生活和人际交往中出现的问题。

✦卫生支持：为儿童家庭提供疫苗接种等卫生支持，为儿童家庭提供基本医疗保险支持。

✦民政支持：承担孤儿的监护和照料责任，为儿童家庭提供各类救助支持。

✦社会支持：营造社区儿童友好氛围，促进儿童权利实现；通过链接医疗卫生、法律援助、心理辅导等资源也能对儿童权利的实现提供帮助。

第四节　儿童权利的四项原则（30 分钟）⏱

内容简介：本节课程通过儿童权利四项原则的知识讲解让学员首先了解四项原则的内容；再通过讨论，运用原则内容分析案例中哪些行为违反了四项原则，促进学员将知识和日常工作结合，在工作中遵守原则。

一、讲知识：儿童权利的四项原则简介

讲解 目标 ··

使学员掌握儿童权利的四项原则并在工作中严格遵守。

在《儿童权利公约》当中，规定了儿童工作者必须遵守的四项原则。建议培训师通过一一讲解和举例的方式促进大家对基本原则的掌握。

✦不歧视原则（《儿童权利公约》第二条）：每一个儿童都平等地享有公约所规定的全部权利，儿童不应因其本人及其父母的种族、肤色、性别、语言、宗教、政治或其他见解、民族、财产状况和身体状况等受到任何歧视。

原则解析：培训师可举例说明日常工作中的歧视问题。例如，在条幅中使用"留守儿童"这个词语，是对父母外出打工儿童的歧视，意味着这类儿童存在各类问题。不允许女童就学也是一种歧视行为，不符合男女平等的原则。村民认为受艾滋病影响的儿童不能申请低保等补助也是对这类儿童的歧视。

✦儿童利益最大化原则（《儿童权利公约》第三条）：涉及儿童的一切行为，必须首先考虑儿童的最大利益。

原则解析：培训师可举例说明如何保证儿童利益的最大化。例如，父母离婚关于孩子抚养权的问题，应征求儿童意见并根据儿童年龄适当将其意见纳入考虑范围。儿童遭遇性侵时，应让儿童获得安全的庇护，将周围人的关心和适当的心理疏导放在首要位置，保证儿童的身心安全。儿童利益最大化原则可以通过尊重儿童意见的方式来遵守。

✦生命、生存和发展原则（《儿童权利公约》第六条）：所有儿童都享有生存和发展的权利（两者完整兼具），应最大限度地确保儿童的生存和发展。

原则解析：儿童主任开展工作时应首先保证儿童的生命安全。当发生威胁儿童生命的情况时，应通过报警、就医和临时安置等方式首先保证儿童的生命安全。

✦尊重儿童意见的原则（《儿童权利公约》第十二条）：任何事情涉及儿童，均应听取儿童的意见。所有儿童，无论他们出生在哪里，属于哪个种族或民族，无论是男孩还是女孩、富有还是贫穷，都必须得到充分的机会，成为对社会有用的成员，并且必须享有发言权，他们的声音也必须获得倾听。

原则解析：完全忽略或者完全遵循儿童意见都是不正确的。应该在一定的原则下，尊重儿童的意见并考虑儿童的发展阶段。比如，高考志愿填报是儿童自己人生的重要事情，父母应该充分尊重儿童的意见而不能独断专行。为儿童报课外学习班也应提前征求儿童的意见而不应强迫其参与。

二、讨论：以下哪些人的行为违反了四项原则

讨论目标 ·····

帮助学员理论联系实际，根据刚学的知识分析案例并对日常工作中的行为进行反思。

讨论步骤 ·····

第一步：选取学员，对每个案例进行问答：这个案例是否违反原则，违反了哪个原则？

第二步：由培训师对每个案例进行解释及进一步举例，案例违反了什么原则，日常工作中还有哪些类似违反原则的行为？

讨论素材 ·····

1. 为了让孩子更喜欢儿童之家，儿童主任小张准备材料邀请村里的孩子一起布置。

2. 小张入户家访时了解到小忻（化名）和小丽（化名）的情况，认为应立刻改善孩子的生活条件，向村民委员会和乡镇政府汇报情况，协调其他临时住房。

3. 小张专门把村里留守儿童组织起来开展心理关爱活动，并于会场张贴"留守儿童"字样条幅。

4. 村中患有脊髓灰质炎的佳佳（化名）来儿童之家参加活动，小张特意提醒其他小朋友，佳佳腿脚不方便，大家要让着他。

5. 小张组织适合坐轮椅的佳佳参与的游戏活动。

6. 为了保证孩子的发展，家长应该满足孩子提出的各方面要求。

7. 成人知道什么对儿童是最好的，不需要听孩子的。

参考答案 ·····

1. 遵守尊重儿童意见的原则。邀请孩子参与布置儿童之家符合尊重儿童意见的原则，也保护了儿童的参与权，此外还能增强儿童在儿童之家的主人翁意识，增强他们对儿童之家的喜爱并使其积极爱护儿童之家。建议儿童主任多利用这个原则，鼓励儿童参与更多的工作。例如，活动组织、材料制作、知识宣传等。这个方法不仅能增强儿童的参与积极性和主动性，还能提升活动的效果。

2. 违背尊重儿童意见的原则。在没有了解小忻和小丽及其家人的具体需求和问题的情况下，小张就自己决定要改善其家庭生活条件并向乡镇汇报这一行为违反了尊重儿童意见的原则。为儿童及其家庭提供的支持一般必须是儿童或家庭的主观意愿的需要。所以儿童主任在日常开展工作时一定要在了解情况后，询问儿童及其家庭的需求

和问题，然后再进行支持。此外，培训师可提示学员，儿童与家庭的需求可能存在不一致的情况，应首先考虑儿童的需求并以儿童利益最大化原则为考虑准则，围绕保护儿童权利开展支持工作。

3. 违背不歧视原则。小张专门组织留守儿童开展活动的行为违反了不歧视原则。这个行为是典型的为一个群体"贴标签"行为。小张专门组织留守儿童开展活动意味着小张认为所有留守儿童都存在缺少关爱、有不同程度行为问题等情况，所以需要特殊的关爱和活动。这是对这类儿童的歧视。请提醒学员，所有针对某一个群体的活动都会造成歧视的问题。比如，悬挂"留守儿童之家"的牌匾或"困境儿童关爱活动"的条幅等都违反了不歧视原则。

4. 违背不歧视原则。小张特意提醒其他小朋友照顾佳佳腿脚不便的行为违背了不歧视原则。因为其他小朋友活动时会特别让着、躲着或保护佳佳，这就失去了游戏的乐趣。佳佳也会因为这样的特殊待遇不再喜欢参与游戏活动。针对这个问题，好的做法是小张应该组织一些适合佳佳的活动，比如画画、手工、阅读等，使佳佳和其他小朋友可以平等地玩耍，不受身体的局限。

5. 遵守不歧视原则。本案例中是针对上一个案例的正确做法。这样的做法能够使佳佳和小朋友平等地玩耍，不受身体的局限。

6. 违背尊重儿童意见的原则和儿童利益最大化原则。儿童的意见应该被尊重，儿童也有权参与和他相关事务的决策，但尊重并不代表完全同意，而是要把儿童的意见纳入参考范围。比如全家搬家的问题，因为会影响孩子的交友圈，甚至可能要更换学校，所以需要考虑孩子的意见，但同时，搬家也和父母及其他家庭成员相关，他们也有表达自己意见的权利，应该综合考虑。因此与儿童相关的事务需要尊重儿童的意见，但不是完全执行儿童的意见，还是要根据儿童利益最大化原则进行综合考虑并向儿童进行相应的解释。

7. 违背尊重儿童意见的原则。针对涉及儿童的事务，完全忽略和完全遵循儿童意见都是不正确的；应该在一定的原则下，尊重儿童的意见；尊重儿童意见应该充分考虑儿童的发展需要。

第四讲　儿童之家——布置与剪彩

课程简介 ▶ ··

　　本课程内容时长为 2 小时，包含 2 项必做活动。本讲课程涉及儿童主任管理儿童之家所需的基础知识，包含儿童之家介绍、儿童之家布置方法、儿童之家启动技巧等内容。本讲课程需要组织学员在培训现场进行儿童之家模型搭建和剪彩活动设计，通过模拟练习帮助他们建立信心，并让他们将一些实用技巧带到实际工作中，顺利启动儿童之家。

授课目标 ▶ ··

　　①学员了解儿童之家特性和在本村（居）儿童福利和保护工作中的主要作用。

　　②学员理解儿童之家布置的原则，掌握儿童之家布置的常用技巧。

　　③学员掌握向儿童和家庭介绍儿童之家的技巧。

授课重点 ▶ ··

　　儿童之家布置原则、儿童之家剪彩活动技巧。

给培训师的话 ▶ ··

　　儿童之家的管理和活动组织将是儿童主任工作中非常重要的一个部分。上任初始，儿童主任缺乏管理好儿童之家的信心，因此建议培训师在授课过程中尽量多介绍具体的、详细的、容易操作的布置技巧，增强儿童主任的信心。此课程的手工练习环节非常受欢迎，但有时儿童主任会发挥想象力设计出超出可操作范围的儿童之家模型，请培训师在活动前及活动过程中加以提醒。

授课流程 ▶ ··

第一节　什么是儿童之家（5 分钟）

　　一、知识内容：什么是儿童之家

　　二、知识内容：儿童之家选址的基本要求

　　三、知识内容：儿童主任与儿童之家的关系

第二节　好的儿童之家是什么样子（80 分钟）

　　一、讨论：好的儿童之家是什么样子

　　二、讲知识：儿童之家布置的三个维度

　　三、讲知识：儿童之家布置的原则和方法

　　四、做活动：儿童之家模型建造（必做）

第三节　如何向村（居）介绍儿童之家——儿童之家启动（35 分钟）

　　一、讨论：儿童之家的开放可能遇到哪些困难

　　二、做活动：儿童之家剪彩暨开放日活动（必做）

本讲资料　儿童之家安全管理制度

第一节　什么是儿童之家（5 分钟）🕐

> **内容简介**：本节包含 1 个环节，培训师通过儿童之家相关知识讲解，使学员明白儿童之家的定位。

讲解 ▣ 🗣 ·····························

　　各位学员所在村（居）将通过项目经费、妇儿工委经费，或民政经费支持建造一个儿童之家。请培训师帮助学员简单理解儿童之家的作用、选址要求，以及儿童主任与儿童之家的关系。

一、知识内容：什么是儿童之家

　　儿童之家是村（居）中用于提供儿童福利和保护服务的公共平台，既可作为儿童主任日常办公场所，又可作为为本村（居）儿童和家庭提供各类服务的场所。

二、知识内容：儿童之家选址的基本要求

　　儿童之家可使用现有空闲房屋，最好包含室内和室外空间。建议选择位置居于村（居）中心，且远离工地、河流等危险区域。

三、知识内容：儿童主任与儿童之家的关系

　　儿童主任是儿童之家的主要管理人，负责管理场地和物资，为儿童和家庭组织各类活动等。

📖 **授课提示** ────────●

关于儿童之家管理规定和开放要求，将在项目管理或表格填写课程中进行讲授，因此此节课中只需简单介绍儿童之家即可。

第二节　好的儿童之家是什么样子（80分钟）⏱

> **内容简介**：本节包含4个环节，培训师通过讨论引出儿童之家布置的三个维度、原则和方法，并通过开展活动让学员模拟应用所学的知识。

一、讨论：好的儿童之家是什么样子

讨论目标 ··

帮助学员思考儿童之家的哪些元素或特点可以吸引儿童前往。

讨论步骤 ··

第一步：培训师组织全体学员（或分组）讨论：对于3岁、7岁、11岁、15岁的儿童，什么样的儿童之家能吸引他们一直前往？通常，学员会给出"有好玩的玩具和书""布置的颜色鲜艳""活动丰富""能交到好朋友"等答案。

第二步：培训师将学员的分享按照"场地布置""活动内容""社交需求"三方面进行分类。

第三步：培训师介绍其中"活动内容"和"社交需求"两方面的技巧将在未来的课程中进行讲授，此门课程重点讨论"场地布置"，使儿童之家首先成为一个儿童喜爱的物理空间。

为了方便培训师指导儿童主任，我们依据《儿童主任工作职责》制定了儿童关爱场所的基本标准规范，作为参考。

儿童之家设施及规范

第一，选址标准：附近无安全隐患、交通便利、易于找寻并靠近居民聚居区。

第二，场所标准：建筑稳固、合法合规、室内不小于20平方米、室外不小于80平方米、位于一层，儿童专用。

第三，布置原则：安全、便于使用、符合儿童审美、根据年龄和功能分区、使儿童有归属感和参与感。

第四，服务设施：

益智玩具（棋牌类、拼插积木、拼图、早教玩具、模型玩偶、儿童打击乐器）；

图书绘本（生命教育、情绪认知、生活故事、亲子关系绘本、青少年读物）；

手工用品（手工彩泥、绘画工具、彩纸、剪刀、胶水）；

体育器材（足球、篮球、羽毛球拍、乒乓球拍、跳绳、跳跳球）。

第五，配套设施：

办公设施（办公桌椅、档案柜、办公用品、电扇或空调）；

卫生设施（卫生间、洗手池、卫生清洁用品）；

无障碍设施（出入口坡道及扶手、地面平整防滑）；

安全设施（围墙围挡、防触电保护、儿童地垫）；

消防设施（灭火器、应急疏散和安全通道路线标识）。

第六，标识制度：场所铭牌、开放时间提示牌、场所及儿童主任简介、安全及卫生管理制度、物资管理制度、档案管理制度（儿童档案、场所档案、工作档案）、资金及人员管理制度。

第七，工作指南：专业培训手册、入户家访指南、游戏活动指南等。

二、讲知识：儿童之家布置的三个维度

讲解目标 ···

帮助各位学员掌握儿童之家布置的三个维度。

✦ 基础设施：包括室内室外空间的基础结构、家具电器等，如门窗、地面、墙面、桌椅、书柜、电灯、电视。

✦ 室内外装饰：包括墙面、桌面装饰等，如墙贴、窗帘、花盆、儿童作品展示。

✦ 活动工具：包括开展活动时所需的各类工具等，如书籍、玩具、体育用品。

三、讲知识：儿童之家布置的原则和方法

讲解目标 ···

帮助各位学员理解如何在儿童之家布置中体现出"儿童友好"原则。

儿童友好，即儿童之家的整体环境有利于儿童身心健康发展。若将"儿童友好"体现在儿童之家布置中，通常可包含：安全、便于使用、符合儿童审美、根据年龄和功能分区、使儿童有归属感和参与感五个原则。儿童主任需要让儿童之家在"基础设施""室内外装饰""活动工具"三个维度都体现出这五个原则。

📖 **授课提示** ————————•

　　请培训师带领学员仔细分析讨论中提出的属于"场地布置"分类的答案，引出"儿童友好"这一概念，让学员理解他们提出的所有答案都可归属到儿童友好概念下。然后将细分的五个原则按顺序依次介绍，举例说明。

（一）原则一：安全

　　安全是儿童之家布置的第一原则，请培训师向学员强调"安全"的重要性，建议学员可通过制定儿童之家《安全管理制度》并将制度张贴于儿童之家内部的方式对参与儿童之家活动的儿童或成人进行约束，还可通过创作《致家长的一封信》的方式将儿童之家安全规定告知每个家庭，以获得家长的理解和支持。

　　注：具体参见本讲资料，培训师可向学员展示（《致家长的一封信》可参考第七讲"儿童主任个案工作——建立关系"中的资料）。

表 4-1　儿童之家"安全"原则与布置方法

维度	基础设施	室内外装饰	活动工具
举例	地面平整、桌角窗户角不尖利、门窗完整、电源插头远离儿童、准备家用灭火器等	热水、消毒水远离儿童，墙面张贴《安全管理制度》	使用儿童剪刀，定期检查玩具无损坏、无尖刺

（二）原则二：便于使用

　　便于使用指的是要适应所有儿童的需求，无论年龄、性别，或者身体状况，这些都应该是儿童之家布置所考虑的因素。

表 4-2　儿童之家"便于使用"原则与布置方法

维度	基础设施	室内外装饰	活动工具
举例	若儿童之家门口有台阶或门框，可利用木板搭建坡道利于残障儿童进入；购买桌椅柜子时要考虑不同年龄段的儿童身高	书籍玩具摆放高度应方便年龄小或较矮儿童拿取	若村（居）中有视力障碍儿童，可购买一些儿童盲文书籍；玩具和书籍应可覆盖所有年龄段儿童需要，例如适合低龄儿童阅读的绘本和适合高龄儿童阅读的书籍，适合低龄儿童玩耍的皮球，适合高龄儿童玩耍的篮球等

（三）原则三：符合儿童审美

　　通常情况下，儿童较为喜欢色彩鲜艳、活泼可爱的风格，但性别、性格、年龄的不同也会使不同儿童的审美有很大区别，因此在布置儿童之家时请尽量考虑到所有儿童的喜好。在这里应该特别注意的是，儿童主任不应批判儿童的审美，例如粉色是女孩的颜色，所以喜欢粉色的男孩就是"娘娘腔"；女孩应该玩娃娃、积木等玩具，如果和男孩一样喜欢武器模型就太野蛮等。

表4-3 儿童之家"符合儿童审美"原则与布置方法

维度	基础设施	室内外装饰	活动工具
举例	根据年龄喜好，使用不同颜色的油漆粉刷墙面、桌椅等	针对低龄儿童，可选用更加可爱鲜艳的装饰；针对大龄儿童，个性时髦的装饰也许才是适合他们的。不同的装饰也可以使儿童之家区域划分得更加明显	建议购买不同颜色、质地、风格的活动工具，如此儿童可根据自己的喜好进行选择

（四）原则四：根据年龄和功能分区

儿童之家合理分区能够保障儿童的安全和活动效果，也可以让喜好不同的儿童都找到自己喜欢的区域。在条件允许的情况下，儿童主任可以根据儿童年龄或区域功能分区。若根据年龄分区，可分为爬爬区、儿童区、少年区等；若根据功能分区，可分为运动区、阅读区、手工区等。

表4-4 儿童之家"根据年龄和功能分区"原则与布置方法

维度	基础设施	室内外装饰	活动工具
举例	可以利用墙面颜色、家具摆放位置、室内室外进行分区	可以利用物品摆放位置、地面、墙面或桌面装饰进行分区	可以将物品分类存放

（五）原则五：使儿童有归属感和参与感

邀请儿童参与设计和布置儿童之家，既可以锻炼儿童动手能力和创造力，又可以让儿童真正拥有一个他们喜欢的环境。这样儿童会更加爱护他们共同布置的儿童之家。同时，儿童主任还可以将手工、绘画、摄影等活动的成果在儿童之家进行展示，让儿童产生荣誉感。

表4-5 儿童之家"使儿童有归属感和参与感"原则与布置方法

维度	基础设施	室内外装饰	活动工具
举例	通过手工改造废弃物品装饰儿童之家	展示儿童作品、活动留影并定期更换；避免标签化儿童或歧视儿童的装饰出现	旧物同样可以被改造成为游戏工具

📖 授课提示 ━━━━━━━●

很多人认为儿童之家需要重金打造，不然很难吸引儿童，其实不然。儿童和成人不同，对于物品的价值并不在意，只要是儿童友好的环境就能吸引他们。请培训师在向学员授课时强调这一点，并鼓励学员发挥想象力，带领儿童利用生活中废旧物品装扮有创意有趣的儿童之家，既美化儿童之家，又减少废弃物，起到保护环境的作用。

四、做活动：儿童之家模型建造（必做）

活动目标 ················

帮助学员演练布置儿童之家，增强学员信心，并为未来真实的儿童之家布置工作打基础。

活动简介 ················

8~10个学员组成一组，根据之前讲授的儿童之家布置原则，每组学员现场手工制作一个"儿童之家模型"。这个活动的目的是让儿童主任开始设想未来如何打造儿童之家，并通过手工制作的方式，让学员对自己的创造力和动手能力建立信心。模型制作完成后，请每组学员向全体学员展示自己小组的作品。

活动时长 ················

50分钟。

活动工具 ················

彩色卡纸、彩笔、大小不同的玩偶、剪刀、裁纸刀、胶带、5个空矿泉水瓶等。

活动要求 ················

1. 制作一个儿童之家立体模型，模型应包含室内和室外两个部分。

2. 用矿泉水瓶制作一个儿童之家室内装饰品。

第三节 如何向村（居）介绍儿童之家
——儿童之家启动（35分钟）

内容简介：本节包含2个环节，培训师通过讨论结果引导学员完成活动任务。

一、讨论：儿童之家的开放可能遇到哪些困难

讨论目标

帮助学员了解儿童之家开放初期可能遇到的困难。

讨论步骤

第一步：培训师向学员解释，根据项目经验，儿童之家开放后可能会出现村（居）民委员会不支持、家长不放心儿童前往，或者家长认为儿童在家玩、在村（居）里跑着玩和去儿童之家找伙伴玩效果是一样的等情况，为了能够让村（居）民顺利接受儿童之家，儿童主任可以通过一些适合本区域的方法启动儿童之家。

第二步：培训师组织学员分组讨论在你的村（居）里，有哪些因素可能导致儿童之家启动不顺利？

第三步：培训师组织全体学员一起对各组列出的问题进行讨论，共同找出解决方案。以下为儿童主任常见问题，本教材列出部分解决方案供参考，培训师也可根据自身经验及现场互动进行补充或调整。

表4-6　常见问题及解决方案

序号	常见问题	解决方案
1	村（居）民委员会不重视或不支持儿童之家	❖ 邀请村（居）党组织书记/村（居）民委员会主任担任儿童之家名誉主任 ❖ 邀请村（居）党组织书记/村（居）民委员会主任为儿童之家揭牌 ❖ 邀请乡镇/街道儿童督导员或县民政部门领导出席启动仪式 ❖ 多花一些时间给村（居）委会领导解释儿童之家的作用
2	家长担心儿童在儿童之家的安全	❖ 通过《致家长的一封信》让家长认识儿童之家以及家长在其中应起到的作用 ❖ 举办儿童之家开放日活动，邀请家长参观儿童之家 ❖ 建立家长微信群，把儿童参加活动的照片或视频发给家长欣赏

续表

序号	常见问题	解决方案
3	家长不理解儿童之家活动对儿童的好处	❖ 邀请领导讲话，介绍儿童之家的好处 ❖ 开放日时组织简单的亲子游戏，让家长感受活动效果 ❖ 评选儿童做志愿宣传员，向自己或邻居家长介绍儿童之家，通过儿童影响家长 ❖ 在微信群中展示儿童作品、表扬儿童行为等

二、做活动：儿童之家剪彩暨开放日活动（必做）

活动目标

帮助学员了解组织儿童之家剪彩活动的方法。

活动简介

请培训师带领全体学员共同完成一个"儿童之家剪彩暨开放日活动"方案设计，使用前面讨论的解决方案，排除潜在问题。

活动时长

20分钟。

参考方案

以下为一个方案模板，供培训师参考，亦可根据培训师实际经验进行调整。

儿童之家剪彩暨开放日（模板）

活动时间：××××年××月××日（周六）上午9：30—10：30

活动地点：××儿童之家

主　持　人：×××儿童主任

活动流程：

9：30—9：40　　××村幼儿园舞蹈表演

9：41—9：45　　村（居）党组织书记/村（居）民委员会主任讲话

9：46—9：50　　儿童督导员讲话

9：51—10：00　儿童主任介绍儿童之家定位及每周开放时间

10：01—10：05　儿童之家揭牌仪式

10：06—10：20　"两人三足"亲子运动会及颁奖仪式

10：21—10：30　儿童之家自由参观时间

本讲资料：

儿童之家安全管理制度

一、总则

1. 儿童主任应加强儿童之家物品（包括场地、文体设施、图书）的登记、管理工作，按要求正确使用，每季度对儿童之家的物资进行清点，对所需的物品，可以向上级申请。如发现问题，及时上报。

2. 儿童主任要做好儿童之家的卫生清理工作，保证儿童之家环境良好。

3. 儿童之家遇到问题时，儿童主任应及时向有关部门汇报，做好沟通协调工作。

4. 儿童主任应加强儿童安全教育，宣传安全常识，传授自救知识，增强儿童的安全意识和自我保护的能力。

5. 每季度对儿童家长进行安全知识培训，安排家长参观儿童之家，了解儿童之家开放时间、活动形式、管理方式等。

6. 儿童主任要定期对儿童之家进行水、电、暖、活动设备和办公设备等设施的安全检查及维护，安全用电；保证儿童之家出入通道畅通，以便出现火灾、地震等灾害时室内人员能及时撤离。

7. 儿童之家内物品摆放需考虑儿童安全，避免儿童接触到可能对其造成伤害的物品（如剪刀、煤炉等），及时排除安全隐患。

8. 在儿童之家开展活动或开展室外集体活动期间，儿童主任应时刻关注儿童安全情况，以防出现意外事故；一旦出现意外事故要及时对其进行救助。

9. 严禁携带易燃、易爆物品进入儿童之家，如发现后，及时查收。

二、预防烫伤

暖水瓶、开水壶要放在儿童摸不到的位置。

三、预防外伤

1. 家具、玩具边角要圆滑，桌椅板凳没有毛刺。大型玩具每天检查一次，发现隐患当即停止使用，及时修复。

2. 儿童主任组织户外活动要随时察看每个儿童。儿童活动时不要太分散，要在儿童主任的视线内。

3. 剪子、刀子、针等锐利物品要放在成人专用材料柜内（文件柜或儿童摸不到的位置）。

4. 以游戏形式，经常对儿童进行安全教育，提高他们的安全意识。

四、谨防异物进入耳、鼻、气管等处

1. 给 3 岁以下儿童玩耍的玩具应该体积较大，防止儿童误把玩具当食物吃进肚子或含在口中。

2. 户外行动时注意儿童是否捡了石子、小棍等物品，防止儿童把异物塞进鼻、耳中。

3. 如发生异物进入耳、鼻、气管时，弄清情况后，儿童主任应立即进行紧急处理。儿童主任解决不了时，应立即将儿童送往医院进行急救，并当即通知家长。

4. 儿童之家活动开始前应询问儿童是否携带异物，如有异物应由儿童主任集中保管。

5. 建议家长不要给儿童佩戴各类饰物。

五、预防中毒

1. 儿童之家内禁止存放有毒物品；如消毒液、洗涤剂，此类物品要放在儿童摸不到的专用物品柜内。

2. 告知儿童不要把物品放进嘴里，防止因误食塑料或其他材料的玩具或物品而中毒。

3. 儿童之家所有药品必须妥帖保管。服用前，儿童主任要细心查对，防止误服、错服，并做好服喂药记录工作。

六、防止走失

1. 制定接送制度。0~3 岁儿童参加儿童之家活动时请家长陪伴，4~6 岁儿童请家长负责接送。建议家长尽量固定接送人员，家长如需委托他人接送儿童时应与儿童主任提前联系或提供书面委托。

2. 没有家长接的儿童，不得独自离开儿童之家，应与伙伴结伴而行。

3. 户外活动结束时，儿童主任要及时清点人数。

七、防止触电

1. 应把电源插座（尤其是接线板）放在儿童摸不到的位置。

2. 经常检查电器是否符合安全要求。

第五讲　儿童主任的资源分布

课程简介 ▶

本课程内容时长为1小时，包含1个必备活动。本讲内容是儿童主任系统性学习社区资源的第一节课，为之后学习如何链接资源服务儿童及其家庭奠定基础。在本讲，学员将学习到资源的定义及社区资源的类型，使用资源的意义、技巧和方法，以及使用资源时应遵循的原则。本讲通过案例分析及案例讨论，培养学员充分使用资源的意识。

授课目标 ▶

①学员明白资源的定义和社区里包含的资源类型。

②学员理解使用社区资源的意义。

③学员理解使用社区资源的方法和技巧。

④学员理解使用资源解决问题时应遵循的原则。

授课重点 ▶

资源的定义及类型、使用资源的意义和原则、使用资源的技巧（含《A11. 社区资源分布表》）。

给培训师的话 ▶

培训师需结合儿童主任的工作环境，讲解当地可实际利用的资源。例如，儿童主任在儿童之家举办活动，受到城乡发展差异、村（居）民对于儿童及活动的认识的影响，儿童主任可能会更容易招募家长志愿者，也可能没有志愿者愿意参与，但这并不代表儿童主任不会使用资源，而是受限于每个村（居）的资源和村（居）民对儿童工作的认识。

本讲重点是要培养学员使用资源的意识，培训师在授课过程中不必过分强调如何利用资源解决学员实际工作困难的问题。因为儿童主任在新入职半年的主要工作为入户家访、收集资料并建立儿童档案，对资源的使用更多以了解信息为主。当前阶段并不要求儿童主任立刻完成对需要帮助的儿童进行资源链接并解决儿童需求的任务，这部分内容会在初级二期培训中以单独的课程进行讲解。

授课流程 ▶ ....

第一节　资源是什么、儿童主任身边有什么资源（15分钟）

　　一、讲知识：资源的类型

　　二、讨论：儿童主任用了哪种类型的资源

第二节　为什么要利用资源、使用资源有什么原则（10分钟）

　　一、讲知识：资源使用的意义

　　二、讲知识：资源使用的原则

第三节　遇到问题，儿童主任要如何使用资源（35分钟）

　　一、说表格：《A11. 社区资源分布表》

　　二、做活动：儿童主任用了哪种类型的资源（必做）

　　三、说表格：《A11. 社区资源分布表（示例）》

本讲资料　1. A11. 社区资源分布表

　　　　　　2. A11. 社区资源分布表（示例）

　　　　　　3. 儿童主任常见问题的一般资源使用方式

第一节　资源是什么、儿童主任身边有什么资源（15分钟）🕐

　　内容简介：本节包含 2 个环节，培训师通过讲解资源的类型等知识，引导学员讨论资源在具体工作中的应用、儿童主任在工作中用了哪种类型的资源？在知识讲解和讨论的基础上更好地帮助儿童主任理解资源。

一、讲知识：资源的类型

讲解 目标 ....

　　帮助学员根据讨论内容理解资源的类型。

　　✦ 人力资源：能为社区儿童福利保障工作提供知识、技能、经验或奉献时间、体力的人。

　　例如，村（居）民委员会工作人员、网格员、志愿者、村（居）内的知名人士、村（居）民。

　　✦ 财力资源：可用于开展社区服务或活动的经费。

例如，政府机关、企事业单位、社会机构捐赠以及爱心人士的捐款。

◆ 物质资源：社区内有助于开展社区服务、能够促进社区发展的物质资源。

例如，儿童之家的场地，村（居）民委员会室内外活动场地、活动设备、健身器材。

◆ 文化资源：社区中历史遗留的典籍、古迹、文物，以及定期开展的民俗、艺术等其他文化活动。

例如，儿童之家的活动，民族手工艺主题活动，非物质文化遗产讲解活动。

◆ 组织资源：可以推动社区服务和促进社区发展的各类组织或机构。

例如，政府机关、企事业单位、公益组织、自助和互助的团队和小组。

二、讨论：儿童主任用了哪种类型的资源

讨论目标 ·····

帮助学员理解资源存在于我们的周边并每天都在被使用，帮助学员发现日常没有注意到的资源类型。

讨论步骤 ·····

第一步：培训师通过 5 个小案例，呈现儿童主任实际工作中会遇到的问题。

第二步：培训师通过引导性提问，聚焦不同问题中可以使用的 5 大类型资源，使学员能够理解不同资源的实际应用。

第三步：培训师根据培训时间，可以给出 1~2 个参考答案，或者邀请学员分享 1~2 个答案，帮助学员总结在不同的案例中应用了哪一类资源。

表 5-1 儿童主任实际工作困难及解决方法

序号	儿童主任实际工作困难	培训师参考提问的问题	培训师参考答案
1	儿童主任任职初期不知道怎么去其他村民小组走访，怕村（居）民不给他开门	儿童主任可以找谁帮忙	❖ 找村组长带领自己去家访 ❖ 找村医或妇女主任带领自己去家访
2	儿童主任走访 1 户有 3 名留守儿童的家庭，该家庭非低保户。母亲离家出走多年，父亲 1 人挣钱，艰难养育 3 个孩子。姐姐学习成绩优异，但父亲希望姐姐高中毕业后能外出打工挣钱，以补贴家用	儿童主任如何帮助儿童获得助学金	❖ 咨询民政相关部门和学校的教育救助政策，帮助姐姐评估是否符合申请条件 ❖ 网上搜索并查询相关基金会的助学项目是否能够定向捐助儿童 ❖ 联动亲戚帮扶；发动村民捐助

续表

序号	儿童主任实际工作困难	培训师参考提问的问题	培训师参考答案
3	儿童主任了解到村里只为儿童之家提供活动场地、适龄的书籍和玩具特别少	儿童主任可以从哪些渠道获得哪些物资	❖ 联系村内幼儿园和小学，看看是否有闲置的旧桌椅可以捐赠 ❖ 发动村民将家里闲置的桌椅和书柜，家里富余的玩具和课外书捐赠给儿童之家使用（旧物捐赠） ❖ 积极联动村"两委"农家书屋的图书资源，选择适合幼儿的绘本，适合青少年的图书；鼓励爱心企业捐赠玩具和图书
4	儿童主任发现孩子们每次来儿童之家基本都是画画、做手工和做运动，时间长了孩子们渐渐觉得无聊，也不喜欢来了	儿童主任可以如何让儿童之家的活动变得有意思	❖ 寻找村里现存的古迹资源，组织孩子们开展古迹探寻活动。为了增强活动的知识性和趣味性，活动开始前带着孩子们观看讲解视频 ❖ 收集村里的手工艺品和少数民族特色饰品，带着孩子们一起学习和制作 ❖ 了解网络上流行的各类文化活动，如带着孩子们通过体验活字印刷流程了解传统文化 ❖ 寻找村里优美的自然风光，带着孩子们郊游写生，体验自然之美
5	儿童主任得知儿童和家庭成员吵架离家出走，家长求助儿童主任通过微信联系孩子，劝孩子回家	儿童主任可以请求哪些团体帮助自己	❖ 儿童主任协助家长到派出所报案，请警察协助寻找儿童 ❖ 找村"两委"、乡镇（街道）工作人员，民政相关部门，根据事情的严重程度调度相应资源 ❖ 如果发生拐卖、强奸等情况，请当地关心下一代工作委员会协调心理团队、法律团队等资源的介入

第二节　为什么要利用资源、使用资源有什么原则（10分钟）🕐

内容简介： 本节包含2个环节。培训师通过讲解资源使用的意义帮助学员理解资源使用的目的是帮助自己顺利开展工作，最终更好地服务儿童，同时强调儿童主任不应滥用资源，需要遵循由内而外的原则使用资源。

一、讲知识：资源使用的意义

讲解 ▮▮ ⬩⬩⬩

帮助学员理解资源使用的3个意义，学会使用各类资源更顺利地开展工作，更好地服务儿童。

◆ 补充儿童主任能力短板，即所有的资源互相补充，儿童主任不可能是全能的。例如，儿童主任不一定能歌善舞，在做活动的时候可以邀请志愿者或者支教团队补充这部分能力短板；儿童主任不一定能给村内生大病的儿童捐钱看病，但可以联动基金会或水滴筹等平台定向帮助儿童。

◆ 减轻儿童主任工作压力，即所有的资源都可为儿童主任所用，帮助儿童主任开展工作。例如，如果儿童主任不了解低保的评定标准或者送教上门的含义，如果儿童主任学会向村（居）民委员会求助或者向专业的支持团队老师询问，则能够较快地获得准确信息。

◆ 提高儿童主任工作效率，即充分利用好资源能够帮助儿童主任提高工作效率，资源没有被充分使用或使用不当可能会阻碍儿童主任工作的进展。例如，儿童主任故意避开村"两委"，见到村主任绕路走，见到督导员不说话，避免使用任何人力资源，这使得儿童主任的工作不被村"两委"及相关人员了解和支持，最终需要花更多的时间和精力去做工作。有时儿童主任与村（居）工作人员保持良好关系有利于村（居）资源向儿童之家倾斜。

二、讲知识：资源使用的原则

讲解 ▮▮ ⬩⬩⬩

帮助学员理解儿童主任在使用资源时要遵从的原则，理解原则在实际生活中的应用。

儿童主任在实际工作中，要按照由内而外的原则使用资源。具体表现为：

✦ 在儿童层面，面对实际问题，相信儿童具备解决问题的潜力；

✦ 在儿童家庭层面，考虑是否有其他任何资源（人、财、物）能够解决儿童遇到的问题；

✦ 在政府、学校、社区层面，考虑是否能够在政策福利、组织资源等方面改善现状；

✦ 最后依赖社会资源，从社区外部寻找更多的机会。

📖 授课提示 ————●

培训师无须要求学员生搬硬记资源使用原则的内容，可以在做完本讲第三节的活动后再强调案例中如何体现资源使用的原则，帮助学员更好地理解原则的含义；也可以通过一些负面的社会新闻，例如富裕家庭子女利用水滴筹筹款影响实际困难家庭患儿筹款治病等案例说明资源使用原则的含义。

第三节　遇到问题，儿童主任要如何使用资源（35 分钟）🕐

> **内容简介：** 本节包含 3 个环节。培训师通过《A11. 社区资源分布表》说明在学员遇到困难时可以借助 A11 表找到解决问题的方向，然后通过做活动说明 A11 表具体使用的方法并串联本节课程的所有知识点，最后通过社区资源分布表的讲解帮助无法填写 A11 表的学员掌握日后工作遇到问题时的解决办法。

一、说表格：《A11. 社区资源分布表》

说明 目标 ·································

帮助学员了解 A11 表，并了解如何在实际工作中发挥 A11 表的作用。

✦ 培训师可通过本讲资料 1《A11. 社区资源分布表》进行简单介绍，并说明在实际工作中可以参考该表内容设计具体操作表格。

✦ 培训师可以说明：A11 表的设计目的在于拓宽儿童主任理解资源的思路，结合自身工作实际情况，找到为学员所用的每项资源。例如，当儿童主任遇到儿童辍学的问题时，可以参考 A11 表，联动儿童家长、儿童亲戚、村民委员会、学校（老师）、县教育局等系统资源，助力实际工作的开展。

📖 授课提示

关于 A11 表的介绍要尽量简短，要帮助学员学会在之后的活动中应用 A11 表分析问题，锻炼学员使用工具表格的能力。

二、做活动：儿童主任用了哪种类型的资源（必做）

活动目标

帮助学员理解资源在儿童主任实际工作中的体现和应用，使其掌握运用 A11 表解决实际工作困难的方法。

活动工具

每组一份《桐桐案例》，每人一份 A11 空白表。

建议时间

活动讨论 15 分钟，各组分享 15 分钟，培训师总结并串联如何使用资源的相关知识10 分钟。

活动步骤

第一步：培训师先带领学员朗读案例，熟悉郭主任遇到了什么样的问题。

第二步：培训师让学员进行分组讨论，根据 A11 表，找一找有哪些资源能够帮助到儿童，越多越好。

第三步：在学员讨论期间，培训师可以巡视教室，帮助组员开拓思路，同时将找资源的内容写得越细越好，例如"找村（居）民委员会"，需要帮助学员写成"找村（居）民委员会为儿童家庭申请低保"。

第四步：培训师邀请各组代表进行分享，并鼓励其他没有分享的小组说一说本组不同的意见或者需要补充的意见。

第五步：培训师进行总结，可以使用"培训师参考提问问题"帮助儿童主任理解案例的作用，并通过案例回顾说明资源使用的原则。

参考案例

桐桐案例

桐桐（化名）今年 1 岁半，是一名留守儿童。爸爸、妈妈在深圳打工，桐桐由爷爷奶奶照顾。3 年前爷爷因为意外摔伤切除了左肾，不能从事重体力劳动。开发商因为开发樱花园，将位于村后山桐桐家及其他村民共同自建的饮用水蓄水池填埋，以致几户村民失去饮用及生活用水的来源。开发商在樱花园山脚下重新建了一个简易蓄水池供村民使用，但该蓄水池水质混浊不堪，根本无法饮用。开发商以已经重修蓄水池为由不再采取任何补救措施，村民饮水困难的情况拖了近1年得不到解决，导致双方矛盾激化，甚至产生肢体冲突。

儿童主任小郭在去桐桐家入户宣传科学喂养及疫苗注射时了解到这一情况，当时桐桐才6个月大，泡奶粉的水需要爷爷去很远的地方挑回来，爷爷因病没有力气，一次只能挑一点点，饮用水的获取确实很不方便。经过1年多时间的努力，郭主任通过链接各项资源，解决了桐桐家遇到的问题。

（1）建议家庭安装简易滤水器，并提醒爷爷奶奶过滤后的水要烧开饮用；

（2）协助桐桐家和其他村民寻找其他合适的水源，暂时使用；

（3）协助桐桐家和其他村民向村民委员会、乡镇反映情况，请村民委员会和乡镇介入与开发商进行协商，但开发商拒不解决问题；

（4）协助桐桐家和其他村民把饮用水拿到当地水质检测中心，检测结果显示大肠杆菌严重超标，不符合饮用水卫生标准，该检测结果为村民后续与开发商协商解决问题提供了依据；

（5）协助桐桐家和其他村民到当地相关部门，如信访办公室、环保局等反映情况，信访办公室和环保局介入后对开发商进行了处罚；

（6）已填埋的水井无法被挖开，饮用水问题仍然没有得到解决，引起了各部门的注意，当年10月，乡镇政府决定为这几户村民安装自来水管道以从根源解决饮用水问题，目前自来水管已经通到了村民家中。

培训师参考提问问题：

✦ 郭主任把情况反映给了谁？为什么要找他们？

✦ 郭主任第一时间去找开发商了吗？为什么不先去找开发商？

✦ 儿童主任如何一步步地实现目标？

✦ 儿童主任在使用资源时要注意的顺序是什么？

✦ 社区资源的意义是什么？

培训师需特别注意：

当儿童主任说到"利用媒体曝光""联合群众上访"的时候，培训师需要引导儿童主任正确认识媒体的作用及潜在的风险，向媒体如实、客观地描述问题，求助媒体是为了解决问题。同时，儿童主任在利用媒体资源时要始终谨记保护儿童的隐私。

三、说表格：《A11. 社区资源分布表（示例）》

说明 目标 ···

提供 A11 表的参考答案。引导学员掌握在日常工作中遇到问题时，可以使用资源解决问题的方法。

✦ 培训师可通过本讲资料 2《A11. 社区资源分布表（示例）》简单说明学员填完表格的效果及未来 A11 表将在儿童主任遇到工作困难时的作用（本讲资料 3《儿童主任常见问题的一般资源使用方式》）。

✦ 培训师可以说明：《A11. 社区资源分布表（示例）》中资源的排列顺序也遵循由内而外的原则；原则上每个学员的 A11 表格完成后都会有所不同，因为每个村的实际情况都不一样。学员所在村（居）的资源丰富程度及资源使用的效果会极大地受到学员如何使用资源的影响，培训师要鼓励学员完成属于自己的 A11 表。

授课提示 ──────●

培训师可以根据学员对表格的兴趣及工作进度决定是否发放《A11. 社区资源分布表》。目前阶段，课程只需培养学员使用资源的意识，无须教授学员面对问题的解决办法，培训师将会在初级二期培训课程中详细说明《A11. 社区资源分布表（示例）》并发放给学员。

本讲资料1：

A11. 社区资源分布表

_____县（区）_____乡（镇、街道）_____村（居）儿童主任：_____

层级	相关组织/人员	可提供的服务/资源	联系人*	电话
家庭	儿童兄弟姐妹			
	儿童家长			
	儿童亲戚			
村（居）级	村（居）民委员会主任/党组织书记			
	村（居）委会（驻村干部、网格员）			
	卫生所（村医）			
	派出所（警察）			
	学校（老师）			
	其他儿童			
	村（居）邻居			
	大学生（志愿者）			
	儿童之家			
	古迹资源			
县级	县级民政局			
	县级医院			
	县级教育局			
	县级残联组织			
	县级慈善会			
	县级妇联			
	县级公安局			
	县级法院			
	县级检察院			
	其他童伴妈妈			
	××县爱心协会			
	可增加：			

续表

层级	相关组织/人员	可提供的服务/资源	联系人*	电话
社会资源	项目的技术支持老师			
	专家（律师、心理咨询师）			
	媒体（记者）			
	社会爱心人士			
	公益基金会			
	可增加：			
其他	可增加：			
	可增加：			

*相关组织/人员有时候并不是一个人，例如其他儿童、学校老师（们），所以在填写联系人的时候需要特别注意！

本讲资料2：

A11. 社区资源分布表（示例）

_____县（区）_____乡（镇、街道）_____村（居）儿童主任：_____

层级	相关组织/人员	可提供的服务/资源	联系人*	电话
家庭	儿童兄弟姐妹	儿童的关心、支持、各项帮助		
	儿童家长	儿童基本生活照料和教养，儿童第一监护人，志愿者		
	儿童亲戚	掌握儿童基本情况，偶尔照料，志愿者		
村（居）级	村（居）民委员会主任/党组织书记	政策倡导与落实、协助儿童主任工作开展；支持儿童主任个案服务和日常活动，协助进行知识宣传		
	村（居）民委员会（驻村干部、网格员）	政策链接、资源链接		
	卫生所（村医）	宣传基本医疗健康知识；儿童疾病初步诊断及下一步转诊方案确定		
	派出所（警察）	预防、制止违法犯罪行为，村（居）治安、维稳，办理户口登记		
	学校（老师）	儿童在校表现（学习、交友、互动）、课业辅导、关爱		
	其他儿童	同伴支持、互动、交往情况		
	村（居）邻居	掌握儿童基本情况，偶尔照料		
	大学生（志愿者）	志愿服务、课业辅导、关爱		
	儿童之家	提供各类儿童文体活动		
	古迹资源	提供活动场地，了解文化知识		
县级	县级民政局	维护儿童的合法权利，为孤儿、困境儿童等提供津贴、安置，关爱留守儿童等，协调其他部门支持儿童主任工作		
	县级医院	儿童疾病的检查，残疾状况的鉴定		

续表

层级	相关组织/人员	可提供的服务/资源	联系人*	电话
县级	县级教育局	负责学生教育方针的制定；为儿童提供控辍保学、教育津贴等教育资源		
	县级残联组织	为残疾儿童开展康复、预防等方面的技术服务。在残疾儿童上学、康复、预防等方面开展活动或救助		
	县级慈善会	开展助学、助医、助困等应急救助项目		
	县级妇联	维护妇女儿童合法权益，促进男女平等，为妇女儿童服务		
	县级公安局	预防、制止违法犯罪行为，维护稳定和保障安全，管理户政和出入境事务		
	县级法院	受理和审查各类告诉申诉，依法办理刑事、民事、行政、申诉强制执行等案件的审查立案工作		
	县级检察院	督促并监督儿童案件的审理		
	其他童伴妈妈	工作的直接帮助和指导		
	××县爱心协会	志愿者支持、活动支持、个案转介		
	可增加：			
社会资源	项目的技术支持老师	儿童社会工作知识培训、儿童社会工作领域技术指导、资源链接		
	专家（律师、心理咨询师）	针对儿童及家庭的法律、心理等困境提供专业指导		
	媒体（记者）	项目宣传与资源链接		
	社会爱心人士	提供物质、精神、资金帮助		
	公益基金会	提供物质、精神、资金帮助		
	可增加：			
其他	可增加：			
	可增加：			

　　* 相关组织/人员有时候并不是一个人，例如其他儿童、学校老师（们），所以在填写联系人的时候需要特别注意！

本讲资料 3：

儿童主任常见问题的一般资源使用方式

常见问题	资源类型	使用方式
前期：走访儿童家庭时遭到拒绝	村（居）民委员会（主任）	向村（居）民委员会主任介绍自己，介绍自己的工作内容，请他们协助自己开展工作 ·在村（居）民大会中由村主任介绍自己，方便取得村（居）民的信任 ·请村（居）民委员会协调，把自己介绍给各村（居）民小组组长，方便进行第一次入户 ·邀请村（居）民委员会成员出席儿童之家剪彩仪式，增强儿童之家的正式性和官方性
	村（居）小组组长、网格员	向村（居）里的相关组织介绍自己，说明自己的工作能够及时向他们传递信息，大家努力共同把村（居）里的工作做好 ·儿童主任在第一次入户家访时，在村（居）组织相关人员的带领和介绍下，能够更快地获得入户家庭的认可和接受 ·在家访过程中，如果儿童主任对有些家庭的基本情况或历史了解得不清楚，可以找村（居）小组组长和网格员了解入户家庭的背景信息，方便儿童主任开展工作
	外部专家、老师	若此前儿童主任从未从事过相关工作，可能不了解如何进行家访，不知道需要准备什么物资才可以更好地帮助入户家庭接受自己 ·外部专家和老师可以提供一些网络学习的课程，这些课程会通过动画详细地介绍儿童主任如何进行自我介绍，如何与他人拉近距离等 ·外部专家和老师也会通过远程和线上聊天的方式削弱儿童主任对工作困难的恐惧感，并鼓励儿童主任勇敢迈出第一步
儿童上户口	儿童家长	如果儿童来自亲生父母的婚生家庭，大部分阻力可能来自家庭内部，需要儿童主任克服家庭的阻力 ·因为儿童父母外出打工，无法回来给孩子上户口，儿童主任只能收集该家庭信息，等待家长回村（居）后再协助给孩子上户口 ·非婚生子女，抱养的、捡来的，或者亲戚生的孩子过继给该家庭抚养的，要特殊情况特殊处理
	派出所	关于户口的大部分问题，基本上可以通过派出所了解相关的办理流程。无论是正常家庭生育的儿童还是抱养的儿童，需要上户口时，儿童主任都可以协助该家庭去派出所咨询，以获得比较清晰的流程和答案
	村（居）民委员会、驻村干部	当儿童上户口遇到极端情况，派出所也无法协调解决，或者儿童所在家庭成员存在其他违法违规行为时，尽管儿童主任自己联动了村（居）内的计生干部却还是不能解决儿童的户口问题，此时，儿童主任应及时将相关情况上报村（居）民委员会和驻村干部，整合多方资源沟通解决问题

常见问题	资源类型	使用方式
儿童上户口	外部专家、老师	当村（居）民委员会、驻村干部都无法解决问题的时候，儿童主任还可以咨询外部专家和老师，可以通过借鉴本省份其他县、其他省份的做法解决儿童户口的问题 ·如儿童父亲去世，母亲离家出走多年，没有出生证明无法上户口，在部分省份可以通过村民大会，公安机关人员在场的情况下，由村民作证确保儿童非拐卖、非抱养、非领养，此时可将儿童户口落在爷爷奶奶名下
大病儿童	儿童家长、儿童监护人	首先儿童主任要和儿童家长、儿童监护人确认儿童是否已在正规医院确诊，确诊的是哪种疾病，要清楚了解部分疾病不在大病医保范畴内 ·婴幼儿黄疸，不是大病，但是需要治疗 ·儿童患 DNA 基因突变，不是大病，是罕见病需要治疗 ·儿童癫痫，不是大病，是慢性病需要治疗 如果儿童家长、儿童监护人观察到儿童身体和精神有异常，但是还没有看病，此时，儿童主任应鼓励有能力，经济条件较好的家庭去省或市中心/儿童医院就医；如果儿童所在家庭经济条件较差，儿童主任应建议该家庭先去县中心医院就诊，根据县中心医院诊断结果决定后续安排
	卫生所	对于大病儿童、慢性病儿童、罕见病儿童，村卫生所能做的工作有限，但是当遇到儿童患感冒，长期流鼻血等家长并不重视的疾病时，卫生所的村医可比儿童主任更加有说服力地和儿童家长、监护人说明疾病的严重程度。儿童主任可以邀请村医上门说教，鼓励家人带儿童去就医 ·如儿童感冒 2 周依然不好，伴有咳嗽，爷爷奶奶觉得感冒咳嗽自然就会好，儿童主任多次上门劝说无果，于是邀请村医上门解释孩子长期咳嗽、低烧转成肺炎的严重性，爷爷奶奶可能会立刻重视此事
	县医院、市医院	当儿童患有孤独症、抑郁症、躁狂症、焦虑症等精神疾病时，要去当地县医院、市医院的儿童精神科咨询，不相信当地黑诊所 儿童主任要协助家长相信医生的权威性和科学性，切忌迷信，不要使用小诊所的草药、"大巫师"和"大法师"的邪方、"泥菩萨"的土灰等对儿童进行盲目治疗
	县民政局	根据不同的儿童疾病，各省份、市、县有不同的项目进行帮扶。当儿童主任发现村内有大病儿童时，要第一时间联系县民政局办事人员，咨询是否有符合该儿童情况的资源可用。儿童主任要与县民政局办事人员保持联系，以获得最新医疗救助资源信息 ·全国"明天计划"针对残疾孤儿进行手术矫治和康复 ·某省落实慢性疾病卡，患慢性病的儿童（癫痫、地中海贫血）可每年获得补助 ·某省对先天性白内障儿童有免费医疗资源，可助其复明 ·北上广深一线医疗专家会定期前往我国西南各省份开展义诊，在获知义诊信息后，儿童主任可通知家长带儿童前往诊断

常见问题	资源类型	使用方式
大病儿童	外部专家、老师	在上述资源中都无法获得帮助时，儿童主任可以咨询外部专家和老师，了解全国是否有爱心基金会可以一对一帮助个人。但在前期工作中，需要儿童主任充分收集儿童基本情况、医疗信息等资源 · 某省暂无唇腭裂儿童救助项目，外部老师通过对接北京天使嫣然基金会的项目官员，帮助儿童对接项目，获得救助 · 当儿童患白血病暂无途径获得救助时，儿童主任依托外部老师资源获悉中国红十字会可以提供定向资金帮助，就可以帮助儿童家庭准备相关资料以获得救助
	外部专项基金会	儿童主任也可自行尝试与外部基金会对接，尤其是在遇到留守儿童或者父母有言语障碍等无法自行向外部求助的家庭时，可绕过外部专家、老师寻求是否有一对一帮助个体的基金会 在与外部基金会对接时，儿童主任首先应征得儿童家庭同意，基金会向社会募款时会公开儿童的一些基本信息，如果家庭拒绝提供，则儿童主任不宜使用这项资源
	水滴筹、爱心筹	在部分情况下儿童主任也可鼓励家庭使用水滴筹、爱心筹等网络资源，以获得资金救助儿童
	其他	部分组织力比较强的村、乡镇会发起学校捐款、村民捐款以定向帮助儿童家庭，但这并不是常见或者普遍适用的情况，儿童主任可酌情采纳
残疾儿童	儿童家长、儿童监护人	首先，儿童主任和儿童家长、儿童监护人要确认儿童是否有残疾证，是否愿意去正规医院确诊；其次，儿童主任要协助增强儿童家长及监护人的主动性和积极性，使其知晓能通过康复训练改善儿童身心状况 · 如果儿童家长不愿意带儿童去看病，甚至拒绝相信儿童可能是残障儿童时，儿童主任不要逼迫该家庭去相信，而应更多地予以言语上的支持，鼓励家庭选择对儿童最好的方案 · 如果儿童家长觉得残疾证没用，家里不缺残疾补贴，此时，儿童主任要向家长解释说明办理残疾证的目的，以及后续可能伴随的免费康复/低价康复机会（部分县中医院已经可以为有残疾证的儿童提供低价甚至是免费的推拿按摩项目） · 儿童主任宣传康复训练的好处。在儿童主任的鼓励下，儿童妈妈放弃喂饭，鼓励儿童自己训练抓握能力，半年以后，原先不能自己吃饭的儿童已经可以通过改造后的勺子自主吃饭了
	卫生所	在残疾儿童的救助方面卫生所能做的非常有限，但是儿童主任可以鼓励儿童家长或儿童监护人主动向村医或者了解医学知识的人员学习家庭康复、按摩技巧以帮助患儿更好康复，尤其是针对有中度、重度智力残疾及肢体残体的儿童，规律性及适度的按摩能够缓解甚至是改善儿童的身体状况

常见问题	资源类型	使用方式
残疾儿童	县残疾人联合会	县残联除了可以提供申请办理残疾证的步骤及各类表格，还对接较多的社会资源。儿童主任可以通过与县残联保持联系从而了解或对接到更多的资源 ·有视力障碍的儿童可通过残联获知是否有治疗眼睛的机会或者项目 ·有肢体残疾的儿童可通过残联申请或链接到低价或免费的捐赠轮椅 ·有智力残疾的儿童可通过残联获知县医院是否提供低价或者免费的康复训练项目
	县医院、市医院、省级医院	当残疾儿童需要根据医院开具的证明去残联办理残疾证时，儿童主任要告知家长，为儿童开具残疾诊断证明的医院应是县残联指定的医院，不是任何医院都可以 儿童主任要协助家长相信医生的权威性和科学性，切忌迷信，不要使用小诊所的草药、"大巫师"和"大法师"的邪方、"泥菩萨"的土灰等对儿童进行盲目治疗
	学校、特殊学校	与同龄人一起生活能够帮助儿童更好地适应以后的社会群体生活，故非常不建议让儿童缩在家中避免与他人接触，这反而不利于儿童以后的生存及生活，且会让儿童丧失与他人相处的能力 ·残疾儿童在入学方面需要儿童主任更多的支持，甚至是联动村（居）民委员会、县教育局的帮助，确保每名儿童都能够享受义务教育 ·如果生活能够自理的残障儿童想要读书，儿童主任要帮助协调学校减免部分费用，让儿童能够随班就读 ·如果生活不能自理的残障儿童想要就读特殊学校，因需要陪护，儿童主任要帮助该家庭申请低保等补助，以实现父母陪同就读
	县教育局	当发现0~18岁的儿童独自在家，从未享受过义务教育，并且儿童主任尝试联系普通学校或者特殊学校都遭到拒绝时，儿童主任可联动村（居）民委员会并反馈至县教育局，确保儿童通过送教上门获得知识 学校协调特殊教育学校的老师对村（居）里的残疾儿童送教上门，并辅导家长学习一些简单的特教知识，从而让参加特殊教育的残疾儿童大脑持续受到外界知识刺激而不至于功能退化
	外部专家、老师	外部专家、老师对残疾儿童的直接帮助可能较少，但他们可以为儿童主任提供更多的康复资源、帮助他们甄别骗子医院、提供义诊机会、找到可能的基金会捐助，如帮助非低保家庭先天性白内障儿童获取更好的诊疗资源
	外部专项基金会	儿童主任也可自行尝试与外部基金会对接，尤其是在遇到留守儿童或者其父母有言语障碍等无法自行向外部求助时，儿童主任可绕过外部专家、老师，寻求是否有一对一帮助个体的基金会 在与外部基金会对接时，儿童主任应首先获得儿童家庭同意，基金会向社会募款时会公开儿童的一些基本信息，如果家庭拒绝提供，则儿童主任不宜使用这项资源

第六讲　日常工作表格的使用与管理

课程简介 ▶ ···

　　本课程内容时长为 2 小时，包含 2 项必做活动。本讲课程是儿童主任上任后急需学习的工作规范。在本讲，学员将学习入户家访中最基础的工具表格：《A1 儿童及家庭基本信息表》（以下简称 A1 表）和《A2 儿童福利与保护服务需求评估表》（以下简称 A2 表）。在理解工具表格的作用后，本讲课程将通过团队竞赛与个人竞赛的模式，巩固并练习表格的使用，使学员能够熟练掌握填写表格的方法并有效避免填写中的错误。

授课目标 ▶ ···

　　①学员理解儿童主任工作表格的使用意义以及重要性。

　　②学员明白 A1 表、A2 表的填写逻辑和内容。

　　③学员熟练掌握填写 A1 表及 A2 表的方法。

　　④学员明白有效管理表格的方法。

授课重点 ▶ ···

　　工作表格的作用、A1 表和 A2 表的使用、管理表格的方法。

给培训师的话 ▶ ···

　　在本讲，培训师宜将有限的时间用于重复练习表格的填写，根据学员在填写表格中暴露的问题，调整后续授课内容的重点。本讲课程以帮助学员重复练习表格填写为主，讲授知识为辅。

　　培训师可根据学员的人数、座位排列及场地的大小，倡导学员互帮互助解决填写表格的问题，避免因为学员人数过多，培训师无法快速走动，导致无法帮助每位学员掌握填表的技能。

　　在课程中培训师务必把 A1 表讲透，A2 表可略讲。因当前工作需求，A1 表为必填表，儿童主任需在入职的前半年完成全村 0~18 岁儿童的 A1 表填写。培训师可鼓励有信心的儿童主任使用 A2 表梳理工作重点。

授课流程 ▶ ....

第一节　为什么要用工作表格（15 分钟）

　　一、讨论：工作表格是工作负担吗

　　二、讲知识：工作表格的使用意义与重要性

第二节　工作表格填写的内容是什么（30 分钟）

　　一、讨论：我们如何知道村（居）的这名儿童需要帮助

　　二、讲知识：A1 表的逻辑解读

　　三、讲知识：填写 A1 表的常见问题

　　四、讨论：只有 A1 表，我们知道儿童需要什么吗

　　五、讲知识：A2 表的逻辑解读

第三节　练习填写 A1 表与 A2 表（65 分钟）

　　一、做活动：团体竞赛 A1 表填写（必做）

　　二、做活动：个人竞赛 A2 表填写（选做）

第四节　如何管理各类工作表格（10 分钟）

　　一、讨论：在不同的情境下，儿童主任应该如何管理表格

　　二、讲知识：管理与保存表格的技巧

本讲资料　1. A1 儿童及家庭基本信息表

　　　　　　2. A2 儿童福利与保护服务需求评估表

　　　　　　3. A1 表常见填写错误及说明

　　　　　　4. A2 表常见填写错误及说明

　　　　　　5. A1 表填写范本

　　　　　　6. A2 表填写范本

第一节　为什么要用工作表格（15 分钟）⏱

　　内容简介：本节包含 2 个环节，培训师通过"工作表格是工作负担吗"的讨论，引出工作表格的使用意义与重要性的知识，帮助儿童主任从实际工作出发理解工作表格的意义。

一、讨论：工作表格是工作负担吗

讨论目标 ....

帮助学员理解工作表格的作用及意义，消除学员对工作表格的抵触情绪。

讨论步骤 ....

第一步：培训师提供儿童主任使用和不使用工作表格的对比图片或对比案例，对学员进行引导性提问。

第二步：培训师邀请学员进行回答，在问答过程中帮助学员理解并认同工作表格的意义。

第三步：培训师根据对比图片或对比案例，总结使用工作表格的四类意义。

参考对比案例：

表6-1 备选儿童案例

序号	儿童主任使用工作表格 （正面效果图/例子）	儿童主任不使用工作表格 （负面效果图/例子）	培训师参考 提问的问题
1	儿童主任小谷：老师，我们村有一名患有先天性白内障的2岁女童，是事实无人抚养儿童。爸爸去世了，妈妈改嫁了，她跟着爷爷奶奶居住，已经申请事实无人抚养儿童养育津贴。老师，您这里有项目或者资源，能不能为该女童申请免费的治疗机会	儿童主任小郭：我们村有个孩子家长找到我，孩子眼睛有病。老师，你能不能帮帮孩子	如果您是民政局工作人员，会帮助哪个儿童呢？为什么
2	儿童主任小张：目前我的工作主要是对村内的107名困境儿童、48名留守儿童进行日常走访。走访时我会用到《××村儿童台账》，每年年初制订走访计划并按月按量完成，通过台账也能知道自己已经去过谁家，没有去过谁家	儿童主任小徐：我平时走访量可不少啊！基本上全村的困境儿童、留守儿童都会走到，一个月肯定至少去1次儿童家里，全村儿童没有我不知道的，情况我都了解得很	您觉得谁的工作更有条理？谁更加清楚工作重点？为什么
3	儿童主任小郑：领导，档案柜左边是全村儿童《基本信息表》，已经按照小组进行分类，右边是按照月份分类的日常儿童之家开放的《活动记录表》及《签到册》，目前组织文体活动和绘画活动比较多	儿童主任小黄：现在工作落实得很好，一开始还有家庭抵触，现在基本都非常欢迎儿童主任了。我基本上一个月家访50多名儿童。儿童之家也经常开放，孩子们来得很多，也很喜欢各种玩具	如果您是乡镇督导员，您觉得哪位儿童主任的工作做得更踏实？为什么

续表

序号	儿童主任使用工作表格（正面效果图/例子）	儿童主任不使用工作表格（负面效果图/例子）	培训师参考提问的问题
4	研究员小柳：根据小谷、小张、小郑等3000名儿童主任较为详细的××省《儿童及家庭情况表》，我们分析到××省儿童得病率偏高，且易因喝生水而患病	研究员小然：根据小郭、小徐、小黄等儿童主任提供的××省《儿童及家庭情况表》，数据存在大量空白或缺失，因此无法得到研究性结论（后续该省也没获得政府的免费资源）	为什么有的省份能获得更多的资源？这和儿童主任填表的工作有什么关系

二、讲知识：工作表格的使用意义与重要性

讲解目标

帮助学员明白工作表格四个方面的意义。

✦ 及时掌握儿童及儿童家庭基本情况，为资源链接或转介等后续服务提供基础；

✦ 方便学员自己系统梳理本村（居）情况，抓住工作重点，提高工作效率；

✦ 方便留存工作痕迹，帮助各级领导（县项目办、资方、技术支持专家）认识儿童主任，为日后自我提升或工作晋升提供更多可能性；

✦ 为系统性政策研究提供帮助，通过基层工作表格提炼本省份民政系统儿童工作共性需求，为整体性解决地区化儿童或儿童家庭问题提供借鉴。

授课提示

培训师可说明各省、市、县都有自己的工作表格，大家日常工作中可能也经常使用表格。这部分的讲解是为了帮助大家理解工作到底为何需要各种表格，不局限于课程即将介绍的A1表和A2表。

第二节　工作表格填写的内容是什么（30分钟）

内容简介： 本节包含5个环节，培训师通过"我们如何知道村里的这名儿童需要帮助"的讨论，引入对A1表的逻辑解读，收集填写A1表常见的问题，帮助学员理解收集信息的目的是分析儿童的需求，进而帮助学员理解A2表中各名词的含义，理解日常工作与工具表格的关联。在本节，第四和第五部分内容可略讲。

一、讨论：我们如何知道村（居）的这名儿童需要帮助

讨论目标 ⋯⋯⋯⋯⋯⋯⋯⋯⋯⋯⋯⋯⋯⋯⋯⋯⋯⋯⋯⋯⋯⋯⋯⋯⋯⋯⋯

帮助学员理解收集资料的目的，引入儿童个案服务中的专业资料收集表格——A1 表。

讨论步骤 ⋯⋯⋯⋯⋯⋯⋯⋯⋯⋯⋯⋯⋯⋯⋯⋯⋯⋯⋯⋯⋯⋯⋯⋯⋯⋯⋯

第一步：培训师邀请学员发言并设想，"第一次家访，儿童主任不认识也不了解儿童，为了能对儿童及其家庭有一个初步的了解，知道儿童不同于其他人的一些基本需求，我们需要知道什么信息?"如果儿童主任比较难进行想象，培训师可以换一种方式进行引导，例如"我们去看病的时候，医生会问些什么"。

第二步：培训师总结并归纳学员答案，并引入日常工作表格 A1 表。

二、讲知识：A1 表的逻辑解读

讲解目标 ⋯⋯⋯⋯⋯⋯⋯⋯⋯⋯⋯⋯⋯⋯⋯⋯⋯⋯⋯⋯⋯⋯⋯⋯⋯⋯⋯

帮助学员理解 A1 表中各个名词的含义以及常见的填写问题。

因儿童主任上岗后首要的工作是入户家访、建立关系并收集村内儿童基本资料、建立档案。因此在 A1 表格讲解部分需要呼应儿童主任个案工作的内容，即收集资料部分，强调 A1 表收集资料的目的。

（一）A1 表收集资料的目的

只有了解了全村（居）每个儿童的基本状况和需求，才能开展有针对性的服务，例如定期家访、链接资源或紧急上报。例如通过填写 A1 表的基本资料，儿童主任发现了一名 13 岁的事实无人抚养儿童，爸爸去世，妈妈改嫁了，儿童主任需要为该儿童申请事实无人抚养儿童养育津贴；在走访儿童家庭收集信息时，儿童主任发现一名身体有外伤被家暴的儿童，应在第一时间将相关情况上报村（居）民委员会、乡镇督导员和派出所，最迟上报时间不超过 24 小时。

（二）A1 表收集资料的内容

培训师向学员展示 A1 表，介绍 A1 表各模块含义及内容，可通过本讲资料 3《A1 表常见填写错误及说明》帮助学员认识到表格填写过程中可能会出现的问题。

A1 表收集资料的内容包括：

◆ 表的正面：儿童基本资料（姓名，性别，住址，婚育，健康）、儿童社会保障及福利信息（低保，住房，医疗，困境，孤儿津贴）。

◆ 表的反面：家庭成员信息（父亲、母亲、兄弟姐妹，主要照料人基本信息）。

培训师要告知学员 A1 表中的每一项信息都为必填项，除非遇到不可能填写的特殊情况则留白，例如亲生父母杳无音信，很多年没有联系或没有联系方式。

📖 授课提示 ————•

如果学员对于 A1 表和信息的理解速度较慢，培训师宜放慢语速，在讲解过程中确保每一名学员都能跟上整体的课程进度。

三、讲知识：填写 A1 表的常见问题

讲解 📕📝 ⋯⋯⋯⋯⋯⋯⋯⋯⋯⋯⋯⋯⋯⋯⋯⋯⋯⋯⋯⋯⋯⋯⋯⋯⋯⋯⋯⋯⋯⋯⋯⋯⋯

帮助学员了解用 A1 表收集资料的正确方法。

（一）针对不同情况，填写 A1 表的方法

表 6-2　不同情况下如何填写 A1 表

序号	儿童主任可能面对的情况	培训师参考解读答案
1	如果儿童不在家，儿童主任怎么填写 A1 表	· 在儿童台账或走访计划表中记录家庭的基本信息，下次再来家访 · 如果儿童长期住校，可以汇总该类儿童的姓名与人数，并前往学校，单独与每一名儿童见面，说明来意后收集相关资料
2	遇到爷爷奶奶不知道爸爸妈妈身份证号码或者不愿意透露给儿童主任，或者拒绝提供户口本时，怎么办	· 了解家长拒绝的原因，并耐心解释儿童主任的工作和对家庭的益处，取得配合 · 对于态度坚决的家庭，可登记备注在儿童台账或走访计划表中，不强迫家庭提供相关信息，以后找机会再尝试收集资料
3	遇到家长要东西（钱、物品）才愿意填写 A1 表时，儿童主任应该怎么办	· 详细说明儿童主任的工作内容不包括提供钱财和物品，说明家访的意义和必要性，解释钱财不能替代对儿童的关心和关爱 · 对于态度坚决的家庭，可请求村组长或村民委员会工作人员帮助，如都无法解决，则以后再尝试提供服务

（二）针对可能发生的情况，提示儿童主任严格禁止的工作模式

◆ 儿童主任召集家长到村广场或某人家里一起填写《A1 儿童及家庭基本信息表》（儿童主任无法观察儿童家的情况，起不到家访作用）。

◆ 儿童主任找村（居）民委员会成员一起分小组填写《A1 儿童及家庭基本信息表》[村（居）民委员会成员不了解如何填写表格，不熟悉其他片区儿童情况]。

◆ 儿童主任到学校把《A1 儿童及家庭基本信息表》发给儿童填写（信息填写不全

面，资料不真实，儿童因不理解问题而瞎填）。

✦ 去村（居）民委员会照抄以前的信息（信息资料不准确，很多家庭情况发生变更，儿童主任等于重复做无用功）。

✦ 上门简单家访后，儿童主任回去自己编写《A1 儿童及家庭基本信息表》（家访信息全凭记忆，容易出错，导致重复家访）。

✦ 让爷爷奶奶代为填写《A1 儿童及家庭基本信息表》（不能理解问题），让爸爸妈妈填写（不明白儿童的需求）。

📖 授课提示

培训师可通过上述禁止的工作模式向学员强调，填写 A1 表的核心是需要儿童主任走到儿童家里去，通过实地观察切实了解儿童的基本情况和生存环境，与儿童及其家庭成员（家长、祖辈、共同居住人员）建立关系，与家庭成员合作填写 A1 表，为以后提供服务打下基础。

四、讨论：只有 A1 表，我们知道儿童需要什么吗

讨论目标

帮助学员理解收集信息的目的是分析儿童的需求，引入 A2 表。

讨论步骤

第一步：培训师邀请学员分享以下内容，自己填写的 A1 表是否能真实具体地表现本村各类儿童的详细情况，哪些方面和信息还需补充？例如，都是大病儿童，家庭经济情况一样吗？都是辍学儿童，理由一样吗？

第二步：根据学员分享内容，培训师总结并归纳学员给出的答案，并引入 A2 表。

五、讲知识：A2 表的逻辑解读

讲解目标

帮助学员理解 A2 表中各名词的含义。

✦ 培训师可介绍 A2 表各模块含义及内容，可通过本讲资料 4《A2 表常见填写错误及说明》帮助学员意识到表格中的填写问题。

✦ 培训师可以说明：通过使用 A2 表，儿童主任能够设计服务儿童及其家庭的目标，并在服务结束后对照 A2 表衡量服务效果。

✦ A2 表与 A1 表的不同之处在于，并非每名儿童都需要填写 A2 表，仅对重点关注的儿童进行 A2 表的填写（重点关注的儿童范围请参见本书第一讲《儿童主任职责与原则》的相关内容）。儿童主任必须在新入职半年内完成 A1 表的信息填写，但不要求学

员在该阶段掌握分析儿童需求的能力，详细的 A2 表讲解会在初级二期培训中以单独课程完成。

📖 **授课提示** ━━━━━━━●

培训师可略讲 A2 表，做简单的引入即可。宜根据授课时间是否有空余再自行决定讲解深浅。

第三节 练习填写 A1 表与 A2 表（65 分钟）⏱

> **内容简介：** 本节包含 2 个环节，培训师要带领学员完成团体竞赛 A1 表和个人竞赛 A2 表的填写活动，巩固表格的填写技能。

一、做活动：团体竞赛 A1 表填写（必做）

活动目标 ┈┈┈┈┈┈┈┈┈┈┈┈┈┈┈┈┈┈┈┈┈┈┈┈┈┈┈┈┈┈┈┈┈┈┈

帮助学员培养以集体为单位，共同将 A1 表填写清楚及准确的能力。因在实际工作中，A1 表的内容虽有不同但填写思路是一致的。儿童主任需要学会求助他人、与他人沟通共同解决问题，因此互助的团体竞赛有利于学员未来在实际工作中将本省份的儿童信息收集工作做得更好。

活动工具 ┈┈┈┈┈┈┈┈┈┈┈┈┈┈┈┈┈┈┈┈┈┈┈┈┈┈┈┈┈┈┈┈┈┈┈

每位学员：一份空白《A1 儿童及家庭基本信息表》和一份《张小明案例》。

活动步骤 ┈┈┈┈┈┈┈┈┈┈┈┈┈┈┈┈┈┈┈┈┈┈┈┈┈┈┈┈┈┈┈┈┈┈┈

第一步：培训师对学员进行分组，分组人数为 5~10 人一组，并设置组号，方便培训师统计优胜名次。

第二步：培训师说明团体竞赛规则，即该组学员全部准确填写完成 A1 表则为优胜组。在竞赛期间组员可以通过互相讲解说明的方式帮助组内其他有困难的学员，鼓励学员之间互相交流，对问题进行分析和探讨，培训师要留意避免小组内部出现他人代填 A1 表的情况。

第三步：培训师带领全部学员一起朗读案例，并发放案例纸（方便视力较弱的学员）及空白《A1 儿童及家庭基本信息表》。

第四步：学员以小组为单位进行A1表的填写，培训师可以绕场以组为单位解答大家的困扰，如有学员向培训师发起提问，培训师可引导他先找组员帮助解决问题。在活动开展过程中，培训师要鼓励儿童主任、乡镇督导员、参训人员加入进来，共同完成表格填写，同时关注各组效率，培训师在必要时可提供一些提升活动效率、加强团队团结和人员激励的方法，例如：

　　·比较有效率的方式是有人先填好，然后带着大家一起填写。

　　·比较团结的方式是大家一起读文稿，一起同步填写。

　　·比较有激励作用的方式是县级/乡镇工作人员填写完表格后，督导其他人员表格的填写。

第五步：培训师找到第一名全员准确填写A1表的小组，可以口头表扬，也可以现场发放小礼物以资鼓励。

第六步：培训师带领学员回顾正确答案（参见本讲资料5《A1表填写范本》）并说明在比赛中观察到的问题或团队工作亮点。

张小明案例

儿童基本情况：张小明（化名），男，汉族，10岁，没有曾用名，身份证号××××××××××××××××××××，户籍地和现住址都是四川省雅安市×××乡×××村。妈妈刘某在小明4岁半（2013年4月）的时候因为车祸去世了。爸爸张某38岁，身份证号××××××××××××××××，电话×××××××××××，初中学历，有新农合保险，没有犯罪记录，目前在成都一个建筑工地打工。目前小明和爷爷奶奶哥哥住在一起，爸爸每个月会回家一次。

爷爷张某某60岁，小学学历，身份证号××××××××××××××××××，无犯罪记录，电话×××××××××××，身体还算健康，有新农合保险。奶奶王某58岁，小学学历，身份证号××××××××××××××××××，无犯罪记录，有新农合保险，患有胃癌，正在准备做部分胃切除手术，奶奶身体瘦弱，只能在家做简单的家务活儿。现在，家里生活主要靠爷爷种地的收入，还有爸爸不定时寄回来的生活费，生活很困难。去年9月，村里给小明和奶奶申请了低保救助，每人每月能领到145元补贴。奶奶今年也获得了民政部门提供的临时医疗救助。小明很懂事，平时在家也会帮奶奶做家务。小明有新农合保险，按时接种了疫苗，身体还算健康但是很瘦，每年冬天都比较容易感冒发烧。小明身高130厘米，体重25千克，性格内向，爱看书。小明哥哥在县城上学，平时不能陪他玩，而且哥哥也有自己的朋友，不太喜欢带着小明玩。小明在乡镇小学读三年级，学习成绩不错，字写得好看，不擅长体育运动，好朋友不多，学校离家里不太远，每天走路20分钟到学校。

二、做活动：个人竞赛 A2 表填写（选做）

活动目标 ⋯⋯⋯⋯⋯⋯⋯⋯⋯⋯⋯⋯⋯⋯⋯⋯⋯⋯⋯⋯⋯⋯⋯⋯⋯⋯⋯⋯⋯⋯⋯⋯⋯⋯⋯⋯

帮助学员培养需求分析的意识。

授课提示 ⋯⋯⋯⋯⋯⋯⋯⋯⋯⋯●

A2 表的深入解读会在下一期课程中教授，选做活动仅依赖于学员对儿童存在需求的思考。因此本环节更多是了解学员的阅读理解能力，看其是否能够依据现有信息进行准确的填表。本环节不建议使用耗时很久的团体竞赛，可以通过限时的个人竞赛的形式，发现理解能力较强的优秀及骨干学员。

活动工具 ⋯⋯⋯⋯⋯⋯⋯⋯⋯⋯⋯⋯⋯⋯⋯⋯⋯⋯⋯⋯⋯⋯⋯⋯⋯⋯⋯⋯⋯⋯⋯⋯⋯⋯⋯⋯

每位学员：一份空白《A2 儿童福利与保护服务需求评估表》和一份《张小明案例》；限时 20 分钟。

活动步骤 ⋯⋯⋯⋯⋯⋯⋯⋯⋯⋯⋯⋯⋯⋯⋯⋯⋯⋯⋯⋯⋯⋯⋯⋯⋯⋯⋯⋯⋯⋯⋯⋯⋯⋯⋯⋯

第一步：培训师说明个人竞赛规则，以快速和准确填写完成 A2 表作为评判标准统计优胜学员，在此期间如果有疑问可在 A2 表空白处备注，鼓励学员在《张小明案例》中大胆思考并假设。

第二步：培训师发放纸质案例（方便视力较弱的学员）及空白 A2 表，并带领所有学员一起朗读案例。

第三步：学员开始填写 A2 表，培训师绕场注意观察是否有阅读障碍者，并观察学员普遍遇到的困难，注意不要做一对一教授和回答，仅仅了解学员存在的普遍需求即可。

第四步：培训师找到第一名较为准确并合理填写 A2 表的学员，可以口头表扬，也可以发放小礼物以资鼓励。

第五步：培训师带领学员回顾参考答案（参见本讲资料 6《A2 表填写范本》）并说明在比赛中观察到的问题或亮点，同时鼓励有能力的学员在日常工作中可以参考 A2 表对留守儿童、困境儿童开展服务，并告知学员，在后续培训中还会给大家讲授《A2 儿童福利与保护服务需求评估表》填写的相关技巧及注意事项。

第四节　如何管理各类工作表格（10分钟）⏱

> **内容简介**：本节包含2个环节，培训师从儿童主任实际工作出发，教授学员如何管理各类工作表格，在不同的情境下，儿童主任应该使用哪种管理表格的方法？理解不同情境下管理和保存表格的方法和技巧。

一、讨论：在不同的情境下，儿童主任应该如何管理表格

讨论目标 ....

帮助学员熟悉日常工作中管理与保存工作表格的合适方法。

讨论步骤 ....

第一步：培训师展示对比图，提出问题。

第二步：邀请学员分享"在不同的情境下，儿童主任应该使用哪种管理表格的方法"，并说明理由。

第二步：培训师总结并归纳学员答案，引入管理及保存表格的方法。

表6-3　日常工作中管理和保存工作表格的方法

序号	倡议的做法	不建议的做法	培训师参考提问的问题
第一组			对于全村儿童的 A1 和 A2 表，怎么储存更方便？（对应原则1）
第二组			什么时候使用档案袋？什么时候使用档案盒？（对应原则2）

续表

序号	倡议的做法	不建议的做法	培训师参考提问的问题
第三组			什么时候需要放在上锁的档案柜中？（对应原则3）
第四组			所有资料都放在档案柜中吗？（对应原则4）
第五组			哪些资料更加推荐使用电脑存储？（对应原则5）

二、讲知识：管理与保存表格的技巧

讲解目标

帮助学员根据活动总结掌握整理和保存表格的5大原则。

◆ 原则1：对村内0～18岁儿童的档案（A1表和A2表），一人一档，按人独立保存。

◆ 原则2：对工作中使用的表格进行分类，一类一盒，按照类型存放。

◆ 原则3：对涉及儿童及家庭隐私信息的文档，保密储存，放在上锁的柜子中。

◆ 原则4：对经常需要与其他人共享使用的，或者儿童之家活动类等需要展示出来的文档，充分利用挂钩等工具，方便灵活取用。

◆ 原则5：对重要的工作档案或更新较快的信息，利用电脑等电子设备进行备份储存或更新，包括但不限于：每个月需要向上级报送更新的资料，儿童之家当月活动简报，深入走访儿童家庭切实解决儿童问题的案例等。

本讲资料 1：

A1 儿童及家庭基本信息表

_____ 县（区）_____ 乡（镇、街道）_____ 村（居）　　　　　档案编号：_____

儿童基本信息						
儿童基本资料	姓名		曾用名		性别	出生日期　　_____ 年____ 月____ 日
	国籍	中国	民族		身份证号	
	户籍所在地	_____ 省（自治区、直辖市）_____ 地（区、市、州、盟）_____ 县（区、市、旗）_____ 乡镇（街、村社、门牌号）				□无户籍　□常住地与户籍地一致
	常住地址	_____ 省（自治区、直辖市）_____ 地（区、市、州、盟）_____ 县（区、市、旗）_____ 乡镇（街、村社、门牌号）				□常住地址与父母在外打工生活地址一致
儿童婚育信息	婚姻状况（事实婚姻）	初婚和离婚时间		生育状况　□是，子女数量 _____　　□否		
	□未婚　　□订婚　□已婚　　□离婚	初婚时间：_____ 年____ 月 离婚时间：_____ 年____ 月		子女 1 生日：____ 年____ 月　子女 2 生日：____ 年____ 月 子女 3 生日：____ 年____ 月　子女 4 生日：____ 年____ 月		
儿童健康信息	身高 _____（厘米）	体重 _____（公斤）		是否按时接种国家计划免疫之内的疫苗	□是	□否
	目前健康状况（可多选）	□健康		□外伤（烫伤、骨折等）		
		□残疾（请选择备注中对应的数字填写）		□目前患病（请选择备注中对应的数字填写，若不在列表中，请填写疾病名称）_____		
		□其他_____				
	残疾证号码		残疾级别	□一级　　□二级　　□三级　　□四级　　□无残疾证		
儿童教育信息	目前教育状况	□托儿所 / 幼儿园 / 学前班　　□学龄前未入园（0～6 岁）　　□学龄未入学（6～15 岁）　　□小学 □初中　□初中毕业在家　□初中毕业工作　□高中/中专/技校　□高中毕业在家　□高中毕业工作 □大学 / 大专　□辍学在家（未完成 9 年义务教育）（辍学时年级____ 年级） □辍学工作（未完成 9 年义务教育）（开始工作时间____ 年）				
	小学入学时间	_____ 年	辍学时间	_____ 年	上学单程时间：_____ 分钟	
	当前年级		学校名称		返家频率：_____ 天回一次	
儿童社会保障及福利信息	最低生活保障（低保）	残疾人两项补贴		临时救助		
	□享受　　□未享受 开始享受时间____ 年____ 月 享受金额_____ 元/月	□享受　　□未享受 享受金额_____ 元/月		□享受　　□未享受 本年度享受金额_____ 元		
	事实无人抚养儿童基本生活补贴	孤儿基本生活补贴		基本医疗保险（新农合/城居保）		
	□享受　　□未享受 开始享受时间____ 年____ 月 享受金额_____ 元/月	□享受　　□未享受 开始享受时间____ 年____ 月 享受金额_____ 元/月		□享受　　□未享受		
	其他福利	□低收入家庭生活补贴　　□两免一补和营养膳食补助　　□住房救助 □其他				
备注	**残疾**：1. 视力残疾；2. 听力残疾；3. 言语残疾；4. 肢体残疾；5. 智力残疾；6. 精神残疾；7. 多重残疾 **大病**：1. 儿童白血病；2. 儿童先心病；3. 妇女乳腺癌；4. 宫颈癌；5. 终末期肾病；6. 重型精神病；7. 耐药结核；8. 艾滋病机会性感染；9. 肺癌；10. 食道癌；11. 胃癌；12. 结肠癌；13. 直肠癌；14. 慢性粒细胞白血病；15. 急性心肌梗塞；16. 脑梗死；17. 血友病；18. Ⅰ型糖尿病；19. 唇腭裂；20. 甲亢；21. 儿童苯丙酮尿症；22. 尿道下裂					

续表

家庭基本信息（请填写共同生活的家庭成员信息）						
主要家庭成员信息	姓名	性别	年龄	与儿童关系	是否为主要照料人	联系方式

儿童亲生父亲信息（可多选）

姓名		国籍		联系方式		身份证号	

教育程度	健康状况	主要收入来源	享受福利保障	其他状况
□无　□小学 □初中　□职高 / 技校 / 高中 □大专　□本科 □研究生	□健康 □残疾（从备注中选择对应数字）____ □大病（同上）____	□在家务农 □外地工作 □本县市工作 □无收入来源	□低保　□城居保 / 新农合 □住房救助　□临时救助 □残疾人两项补贴 □低收入家庭生活补贴 □其他　　　□未享受	□违法犯罪等不良记录 □服刑记录　□施暴史 □受虐受暴史 □成瘾（酒精、毒品等） □无上述不良记录

目前现状（可多选）：
□本地工作或务农　　　　　　　□外出打工（每年外出时间：□ 0~6 个月　□7~12 个月 ）
□离异（离婚时间____年___月）。　□离家出走（出走时间____年___月）
□去世（去世时间____年___月），去世原因：□艾滋病　□意外事故　□疾病　□其他_____
□服刑（入狱时间____年___月）。　□其他_____

儿童亲生母亲信息（可多选）

姓名		国籍		联系方式		身份证号	

教育程度	健康状况	主要收入来源	享受福利保障	其他状况
□无　□小学 □初中　□职高 / 技校 / 高中 □大专　□本科 □研究生	□健康 □残障（从备注中选择对应数字）____ □大病（同上）____	□在家务农 □外地工作 □本县市工作 □无收入来源	□低保　□城居保 / 新农合 □住房救助　□临时救助 □残疾人两项补贴 □低收入家庭生活补贴 □其他　　　□未享受	□违法犯罪等不良记录 □服刑记录　□施暴史 □受虐受暴史 □成瘾（酒精、毒品等） □无上述不良记录

目前现状（可多选）：
□本地工作或务农　　　□外出打工（每年外出时间：□0~6 个月　□7~12 个月 ）
□离异（离婚时间____年___月）。　□离家出走（出走时间____年___月）
□去世（去世时间____年___月），去世原因：□艾滋病　□意外事故　□疾病　□其他_____）
□服刑（入狱时间____年___月）。　□其他_____

（若亲生父母不是主要照料人，请填写此处）					

主要照料人信息（可多选）

姓名	教育程度	健康状况	主要收入来源	享受福利保障	其他状况
	□无 □小学　□初中 □职高 / 技校 / 高中 □大专　□本科 □研究生	□健康 □残障（从备注中选择对应数字）____ □大病（同上）____	□在家务农 □外地工作 □本县市工作 □无收入来源	□低保　□城居保 / 新农合 □住房救助　□临时救助 □残疾人两项补贴 □低收入家庭生活补贴 □其他　　　□未享受	□违法犯罪等不良记录 □服刑记录　□施暴史 □受虐受暴史 □成瘾（酒精、毒品等） □无上述不良记录
姓名	教育程度	健康状况	主要收入来源	享受福利保障	其他状况
	□无 □小学　□初中 □职高 / 技校 / 高中 □大专　□本科 □研究生	□健康 □残障（从备注中选择对应的数字）____ □大病（同上）____	□在家务农 □外地工作 □本县市工作 □无收入来源	□低保　□城居保 / 新农合 □住房救助　□临时救助 □残疾人两项补贴 □低收入家庭生活补贴 □其他　　　□未享受	□违法犯罪等不良记录 □服刑记录　□施暴史 □受虐受暴史 □成瘾（酒精、毒品等） □无上述不良记录

本人确认已与儿童本人或其监护人逐一说明并确认各项内容。

填表日期：_____年____月_____日　　　　　　　　　　　　儿童主任：_____

本讲资料2：

A2 儿童福利与保护服务需求评估表

_____县（区）_____乡（镇、街道）_____村（居）　　　档案编号：_ _ _ _ _ _ _ _ _

基本资料	姓名		性别			出生日期		____年____月____日	
	民族		身份证号						

本次评估类型	□首次需求评估　　　　□年度需求评估				

家庭类型	□单亲家庭　　□隔代家庭　　□其他亲属抚养家庭　　□非亲属抚养家庭　　□其他家庭

户籍需求	□有需求 □无需求	如果有需求，请具体描述需求情况及原因：
基本生活需求	□有需求 □无需求	如果有需求，请具体描述需求情况及原因：
医疗卫生需求	□有需求 □无需求	如果有需求，请具体描述需求情况及原因：
教育需求	□有需求 □无需求	如果有需求，请具体描述需求情况及原因：
安全保障需求	□有需求 □无需求	如果有需求，请具体描述需求情况及原因：
心理需求	□有需求 □无需求	如果有需求，请具体描述需求情况及原因：
就业帮助及 技术培训需求	□有需求 □无需求	如果有需求，请具体描述需求情况及原因：
家庭成员需求	□有需求 □无需求	如果有需求，请具体描述需求情况及原因：
其他需求	□有需求 □无需求	如果有需求，请具体描述需求情况及原因：

儿童服务计划	
一次性服务	□户籍登记　　　　□残疾证办理　　　□新农合申请　　　□孤儿津贴申请 □低保申请　　　　□两残津贴申请　　□社会组织救助申请　□民政医疗救助 □危房改造救助申请　□其他政府福利申请　□按时入学　　　　□其他
长期服务	□重点家访（__月/次）　□儿童之家儿童集体活动　　□儿童之家亲子活动　　□职业技术培训 □儿童培训/宣传　　　□儿童抚养人培训/宣传　　□协助返校/防止辍学　　□治疗康复
转介服务	□法律援助　　　　　　□机构/家庭寄养　　　　　　□紧急安置
其他服务	
补充说明	*可以具体说明服务计划的重点*

填表日期：_____年__月__日　　　　　　　　　　　　　　　儿童主任：_____

本讲资料 3：

A1 表常见填写错误及说明

每隔12个月填写一次
18岁以下村里的儿童都需要填写！
父母在的儿童、流动儿童、留守儿童、孤儿、常住儿童、户口在本村的儿童。

从0000001开始编号，如果有205个儿童，最后一个儿童的编号就是0000205。

A1 儿童及家庭基本信息表

_____县（区）_____乡（镇、街道）_____村（居）   档案编号：_____

儿童基本信息						
儿童基本资料	姓名		曾用名		性别	出生日期	_____年____月____日
	国籍	中国	民族		身份证号		
	户籍所在地			地（区、市、州、盟）_____县（区、街、村社、门牌号）		户籍	□户籍地一致
	常住地址			地（区、市、州、盟）_____县（区、街、村社、门牌号）			□常住地址与父母在外打工生活地址一致

如果常住地址和户籍所在地不一致，那孩子就是流动儿童，比如户籍在江西安远县**村，但是常住在江西省赣县区。

如果是流动儿童，这里需要勾选。

儿童婚育信息	婚姻状况（事实婚姻）	□未婚 □订婚 □已婚 □离婚	生育状况 □是，子女数量____ 子女1生日：____年____月 子女3生日：____年____月

例如：这名儿童，16岁女孩已经和18岁男孩住在一起，生了一个孩子，就是事实婚姻。（没有结婚证已经成婚，周围邻居也觉得就是结婚了，只不过没办酒席而已，那么就需要勾选"已婚"）。

是这名儿童的生育情况？（不是孩子的父母！）例如：16岁儿童已经生育了两个孩子，则选是，子女数量2.

儿童健康信息（可多选）	身高 _____（厘米）		是否按时接种国家计划免疫之内的疫苗	□是 □否
	目前健康状况（可多选）	□健康 □残疾（_____） □其他_____	□外伤（烫伤、骨折等） □目前患病（请选择备注中对应的数字填写疾病名称）_____	
	残疾证号码		残疾级别	□一级 □二级 □三级 □四级 □无残疾证

注意是厘米！

必须有医生的诊断证明！不能是您感觉儿童是残疾就勾选！如果您觉得孩子应该享有残疾证但是现在没有，请在A2表格勾选"残疾证办理"。

接种国家法定的I类，免费疫苗，包括卡介苗、乙肝疫苗、百白破疫苗、麻风疫苗、乙脑疫苗等。

同左，必须是有诊断证明的！

儿童教育信息	目前教育状况	□托儿所/幼儿园/学前班 □学龄前未入园（0-6岁） □学龄未入学（6-15岁） □小学 □初中 □初中毕业在家 □初中毕业工作 □高中/中专/技校 □高中毕业在家 □高中毕业工作 □大学/大专 □辍学在家（未完成9年义务教育）（辍学时年级____年级） □辍学工作（未完成9年义务教育）（开始工作时间____年）		
	小学入学时间	_____年	辍学时间 _____年	上学单程时间：_____分钟
	当前年级		学校名称	返家频率：_____天回一次

儿童社会保障及福利信息	最低生活保障（低保）	残疾人两项补贴	临时救助
	□享受 □未享受 开始享受时间____年____月 享受金额____元/月	□享受 □未享受 享受金额____元/月	□享受 □未享受 本年度享受金额____元
	事实无人抚养儿童基本生...		基本医疗保险（新农合/城居保）
	□享受 □未享受 开始享受时____年____月 享受金额____元/月	□享受 □未享受 开始享受时____年____月 享受金额____元/月	□享受 □未享受
	其他福利	□低收入家庭生活补贴 □两免一补和营养膳食补助 □住房救助 □其他_____	

社会保障信息中儿童没有享受到的就勾选"未享受"，如儿童没有低保，则勾选未享受。如果您受了，就填写享受时间和金额。

备注	**残疾**：1.视力残疾；2.听力残疾；3.言语残疾；4.肢体残疾；5.智力残疾；6.精神残疾；7.多重残疾
	大病：1.儿童白血病；2.儿童先心病；3.妇女乳腺癌；4.宫颈癌；5.终末期肾病；6.重型精神病；7.耐药结核；8.艾滋病机会性感染；9.肺癌；10.食道癌；11.胃癌；12.结肠癌；13.直肠癌；14.慢性粒细胞白血病；15.急性心肌梗塞；16.脑梗死；17.血友病；18. I型糖尿病；19.唇腭裂；20.甲亢；21.儿童苯丙酮尿症；22.尿道下裂

家庭基本信息（请填写共同生活的家庭成员信息）						

主要家庭成员信息

姓名	性别	年龄	与儿童关系	是否为主要照料人	联系方式

> 1.儿童自己的信息是不需要填写在这里的
> 2.孩子一起生活的人都要填写，如果爸爸妈妈外出务工，不在一起生活，这里也不需要填写。
> 3.如果一起生活的有：奶奶、爷爷、爸爸、妈妈、哥哥、姐姐、弟弟、妹妹，那么除了孩子，所有一起生活的人都要写上。
> 4.如果兄弟姐妹众多，可以在表格的同一行，写上两个兄弟姐妹的名字、在联系方式上写上另一个人的身份证号码（并备注一下这个是谁）。
> 5.如果，还是写不下。那么表格的上下左右，只要能写字的地方写上。

儿童亲生父亲信息（可多选）

姓名		国籍		联系方式		身份证号	

> 例如：越南/老挝/中国。因为之前有越南籍妈妈。

教育程度	健康状况	主要收入来源	享受福利保障	其他状况
□无　□小学	□健康	□在家务农	□低保　□城居保 / 新农合	□违法犯罪等不良记录
□初中　□职高 / 技校 / 高中	□残疾（从备注中选择对应数字）＿＿	□外地工作　□本县市工作	□住房救助　□临时救助 □残疾人两项补贴	□服刑记录　□施暴史 □受虐受暴史
□大专　□本科	□大病（同上）＿＿	□无收入来源	□低收入家庭生活补贴	□成瘾（酒精、毒品等）
□研究生			□其他　□未享受	□无上述不良记录

> 加粗红框内的各项需要按照实际情况勾选。

目前现□本地工作或务农　　□外出打工（每年外出时间：□ 0～6 个月　□7～12 个月 ）
婚时间＿＿＿＿年＿＿月）。　□离家出走（出走时间＿＿＿年＿
世时间＿＿＿＿年＿＿月），去世原因：□艾滋病　□意外事故
□服刑（入狱时间＿＿＿＿年＿＿月）。　□其他＿＿＿＿

> 如果选了"外出打工"需要勾选外出"0～6个月"还是"7～12个月"。

儿童亲生母亲信息（可多选）

姓名		国籍		联系方式		身份证号	

教育程度	健康状况	主要收入来源	享受福利保障	其他状况
□无　□小学	□健康	□在家务农	□低保　□城居保 / 新农合	□违法犯罪等不良记录
□初中　□职高 / 技校 / 高中	□残障（从备注中选择对应数字）＿＿	□外地工作　□本县市工作	□住房救助　□临时救助 □残疾人两项补贴	□服刑记录　□施暴史 □受虐受暴史
□大专　□本科	□大病（同上）＿＿	□无收入来源	□低收入家庭生活补贴	□成瘾（酒精、毒品等）
□研究生			□其他　□未享受	□无上述不良记录

> 要求同上。

目前现□本地工作或务农　□外出打工（每年外出时间：□0-6 个月　□7-12 个月 ）
＿时（离婚时间＿＿＿年＿＿月）　□离家出走（出走时间＿＿＿年＿＿月）
多选）□去世（去世时间＿＿＿年＿＿月，去世原因：□艾滋病　□意外事故　□疾
□服刑（入狱时间＿＿＿＿年＿＿月）　□其他＿＿＿＿

> 只有爸爸妈妈不是主要照料人的时候才需要填写。例如，留守儿童的爷爷奶奶是照料人。

（若亲生父母不是主要照料人，请填写此处）

主要照料人信息（可多）

姓名	教育程度	健康状况	主要收入来源	享受福利保障	其他状况
	□无	□健康	□在家务农	□低保　□城居保 / 新农合	□违法犯罪等不良记录
	□小学　□初中	□残障（从备注中选择对应数字）＿＿	□外地工作	□住房救助　□临时救助	□服刑记录　□施暴史
	□职高 / 技校 / 高中		□本县市工作	□残疾人两项补贴	□受虐受暴史
	□大专　□本科	□大病（同上）＿＿	□无收入来源	□低收入家庭生活补贴	□成瘾（酒精、毒品等）
	□研究生			□其他　□未享受	□无上述不良记录
姓名	教育程度	健康状况	主要	享受福利保障	其他状况
	□无	□健康	□在家务农	□低保　□城居保 / 新农合	□违法犯罪等不良记录
	□小学　□初中	□残障（从备注中选择对应的数字）＿＿	□外地工作	□住房救助　□临时救助	□服刑记录　□施暴史
	□职高 / 技校 / 高中		□本县市工作	□残疾人两项补贴	□受虐受暴史
	□大专　□本科	□大病（同上）＿＿	□无收入来源	□低收入家庭生活补贴	□成瘾（酒精、毒品等）
	□研究生			□其他　□未享受	□无上述不良记录

> "教育、健康、收入、福利、其他"5类按照实际情况勾选。

本人确认已与儿童本人或其监护人逐一说明并确认各项内容。

填表日期：＿＿＿＿年＿＿月＿＿＿日　　　　　　　儿童主任：＿＿＿＿＿＿

> 填写您的名字。

本讲资料 4：

A2 表常见填写错误及说明

A2 儿童福利与保护服务需求评估表

此处编号与该儿童 A1 表格档案编号一致

_____县（区）乡（镇、街道）_____村（居）档案编号：_ _ _ _ _ _ _ _ _

基本资料	姓名		性别		出生日期	_____年_____月_____日
	民族		身份证号			

本次评估类型	□首次需求评估　　□年度需求评估

家庭类型	□单亲家庭　　□隔代家庭　　□其他亲属抚养家庭　　□非亲属抚养家庭　　　□其他家庭

户籍需求	□有需求 □无需求	如果有需求，请具体描述需求情况及原因： 1. 根据《中华人民共和国户口登记条例》规定，婴儿出生后一个月内，由户主、亲属、抚养人或者邻居到婴儿母亲或父亲常住户口所在地公安派出所申报出生登记。如果儿童没有户口则需要填写
基本生活需求	□有需求 □无需求	如果有需求，请具体描述需求情况及原因： 儿童的温饱问题，例如儿童是否有足够的衣服穿，是否经常挨饿
医疗卫生需求	□有需求 □无需求	如果有需求，请具体描述需求情况及原因： 是否打过国家免费疫苗、身体是否有外伤、是否有疾病需要就医、衣物穿着是否整洁干净
教育需求	□有需求 □无需求	如果有需求，请具体描述需求情况及原因： 3~6岁是否入园、7~15岁是否入校接受义务教育、15~18岁是否在读高中或者职校、特殊儿童是否在普通学校或者特殊学校读书或送教上门
安全保障需求	□有需求 □无需求	如果有需求，请具体描述需求情况及原因： 生活的环境是否安全？是否有人照顾儿童日常起居？家中是否有农药？家中是否有高楼没有安全护栏
心理需求	□有需求 □无需求	如果有需求，请具体描述需求情况及原因： 是否需要心理关爱，或心理疾病需要专业外界的心理治疗
就业帮助及技术培训需求	□有需求 □无需求	如果有需求，请具体描述需求情况及原因： 初中未/已毕业、高中未/已毕业儿童是否有下一步工作方向的帮助
家庭成员需求	□有需求 □无需求	如果有需求，请具体描述需求情况及原因： 儿童家中的人在户籍、基本生活、医疗、安全、心理、就业等方面是否有需要帮助的
其他需求	□有需求 □无需求	如果有需求，请具体描述需求情况及原因：

儿童服务计划			如果上表的"需求"有勾选，则对应"一次性服务"就需要勾选

一次性服务	□户籍登记　　　　□残疾证办理　　　□新农合申请　　　　□孤儿津贴申请 □低保申请　　　　□两残津贴申请　　□社会组织救助申请　　□民政医疗救助 □危房改造救助申请　□其他政府福利申请　□按时入学　　　　□其他
长期服务	□重点家访（月/次）　□儿童之家儿童集体活动　□儿童之家亲子活动　　□职业技术培训 □儿童培训/宣传　　□儿童抚养人培训/宣传　　□协助返校/防止辍学　□治疗康复
转介服务	□法律援助　　　　□机构/家庭寄养　　　　　□紧急安置
其他服务	
补充说明	可以具体说明服务计划的重点

填表日期：　　　年　　　月　　　日　　　　　　　　儿童主任：

本讲资料5：

A1 表填写范本

A1 儿童及家庭基本信息表

__汉源__县（区）__九品__乡（镇、街道）__张__村（居）　　　　　档案编号：0000001

儿童基本信息								
儿童基本资料	姓名	张小明	曾用名	无	性别	男	出生日期	__2008__年_7_月_2_日
	国籍	中国	民族	汉族	身份证号	×××××× ××	×××× ××××	
	户籍所在地	__四川__省（自治区、直辖市）__雅安市__地（区、市、州、盟）__汉源__县（区、市、旗）__九品__乡（镇）__张村__（街、村社、门牌号）				□无户籍	☑常住地与户籍地一致	
	常住地址	____省（自治区、直辖市）____地（区、市、州、盟）____县（区、市、旗）____乡（镇）____（街、村社、门牌号）					□常住地址与父母在外打工生活地址一致	
儿童婚育信息	婚姻状况（事实婚姻）		初婚和离婚时间		生育状况	□是，子女数量____	☑否	
	☑未婚　　□订婚 □已婚　　□离婚		初婚时间：____年___月 离婚时间：____年___月		子女1生日：____年___月　子女2生日：____年___月 子女3生日：____年___月　子女4生日：____年___月			
儿童健康信息	身高 130（厘米）		体重 25（公斤）		是否按时接种国家计划免疫之内的疫苗　☑是　　□否			
	目前健康状况（可多选）	☑健康			□艾滋阳性		□外伤（烫伤、骨折等）	
		□残疾（请选择备注中对应的数字填写）			□目前患病（请选择备注中对应的数字填写，若不在列表中，请填写疾病名称）____			
		□其他____						
	残疾证号码			残疾级别	□一级　　□二级　　□三级　　□四级　　□无残疾证			
儿童教育信息	目前教育状况	□托儿所/幼儿园/学前班　□学龄前未入园（0~6岁）　□学龄未入学（6~15岁）　☑小学 □初中　　□初中毕业在家　　□初中毕业工作　　□高中/中专/技校　　□高中毕业在家　　□高中毕业工作 □大学/大专　　□辍学（未完成9年义务教育）（辍学时年级___年级）						
	小学入学时间	2015 年	辍学时间	____年	是否有家长接送	□是 ☑否	上学单程时间：20 分钟	
	当前年级	3	学校名称	九品乡完小	辍学次数	____次	返家频率：1 天回一次	
	从事职业（若已工作）：____				开始工作时间：____年			
儿童社会保障及福利信息	最低生活保障		残疾津贴		大病临时救助			
	☑享受　　□未享受 开始享受时间 2018 年 9 月 享受金额 145 元/月		□享受　　☑未享受 享受金额____元/月		□享受　　☑未享受 本年度享受金额____元			
	困境儿童津贴		孤儿/艾滋儿童津贴		基本医疗保险（新农合/城居保）			
	□享受　　☑未享受 开始享受时____年___月 享受金额____元/月		□享受　　☑未享受 开始享受时____年___月 享受金额____元/月		☑享受　　□未享受			
	其他福利		□精准扶贫　　□教育补贴　　□住房救助　　□其他____					
备注	残疾：1. 视力残疾；2. 听力残疾；3. 言语残疾；4. 肢体残疾；5. 智力残疾；6. 精神残疾；7. 多重残疾 大病：1. 儿童白血病；2. 儿童先心病；3. 妇女乳腺癌；4. 宫颈癌；5. 终末期肾病；6. 重型精神病；7. 耐药结核；8. 艾滋病机会性感染；9. 肺癌；10. 食道癌；11. 胃癌；12. 结肠癌；13. 直肠癌；14. 慢性粒细胞白血病；15. 急性心肌梗死；16. 脑梗死；17. 血友病；18. Ⅰ型糖尿病；19. 唇腭裂；20. 甲亢；21. 儿童苯丙酮尿症；22. 尿道下裂							

家庭基本信息（请填写共同生活的家庭成员信息）						

主要家庭成员信息	姓名	性别	年龄	与儿童关系	是否为主要照料人	联系方式
	张海	男	60	爷爷	是	135××××××××
	王淑梅	女	58	奶奶	是	
	张震	男	38	爸爸	否	157××××××××
	张小刚	男	15	哥哥	否	

儿童亲生父亲信息（可多选）

姓名	张震	国籍	中国	联系方式	157××××××××	身份证号	××××××××××××××

教育程度	健康状况	收入来源	享受福利保障	其他状况
□无　□小学 ☑初中　□职高/技校/高中 □大专　□本科 □研究生	☑健康　□艾滋阳性 □残疾（从备注中选择对应数字）____ □大病（同上）____	□在家务农 ☑外地工作 □本县市工作 □无收入来源	□低保　□住房救助 ☑城居保/新农合 □大病临时救助 □残疾津贴 □精准扶贫　□未享受	□违法犯罪等不良记录 □服刑记录　□施暴史 □受虐受暴史 □成瘾（酒精、毒品等） ☑无上述不良记录

目前现状（可多选）	□本地工作或务农　☑外出打工（每年外出时间：□ 0~6个月　☑7~12个月 ） □离异（离婚时间_____年___月，　□离家出走（出走时间_____年___月） □去世（去世时间_____年___月，　去世原因：□艾滋病　□意外事故　□疾病　□其他_____ ） □服刑（入狱时间_____年___月）□其他_____

儿童亲生母亲信息（可多选）

姓名	刘春丽	国籍	中国	联系方式		身份证号	

教育程度	健康状况	收入来源	享受福利保障	其他状况
□无　□小学 □初中　□职高/技校/高中 □大专　☑本科 □研究生	□健康　□艾滋阳性 □残疾（从备注中选择对应数字）____ □大病（同上）____	□在家务农 □外地工作 □本县市工作 □无收入来源	□低保　□住房救助 ☑城居保/新农合 □大病临时救助 □残疾津贴 □精准扶贫　□未享受	□违法犯罪等不良记录 □服刑记录　□施暴史 □受虐受暴史 □成瘾（酒精、毒品等） □无上述不良记录

目前现状（可多选）	□本地工作或务农　□外出打工（每年外出时间：□0~6个月　□7~12个月 ） □离异（离婚时间_____年___月），□离家出走（出走时间_____年___月） ☑去世（去世时间2013年4月，去世原因：□艾滋病　☑意外事故　□疾病　□其他_____ ） □服刑（入狱时间_____年___月）□其他_____

（若亲生父母不是主要照料人，请填写此处）					

主要照料人信息（可多选）

姓名	教育程度	健康状况	收入来源	享受福利保障	其他状况
张海	□无 ☑小学　□初中 □职高/技校/高中 □大专　□本科 □研究生	☑健康　□外伤 □残疾（从备注中选择对应数字）____ □大病（同上）____	☑在家务农 □外地工作 □本县市工作 □无收入来源	□低保　□住房救助 ☑城居保/新农合 □大病临时救助 □残疾津贴 □精准扶贫　□未享受	□违法犯罪等不良记录 □服刑记录　□施暴史 □受虐受暴史 □成瘾（酒精、毒品等） ☑无上述不良记录
姓名	教育程度	健康状况	收入来源	享受福利保障	其他状况
王淑梅	□无 ☑小学　□初中 □职高/技校/高中 □大专　□本科 □研究生	□健康　□艾滋阳性 □残疾（从备注中选择对应的数字）____ ☑大病（同上）11	□在家务农 □外地工作 □本县市工作 ☑无收入来源	☑低保　□住房救助 ☑城居保/新农合 □大病临时救助 □残疾津贴 □精准扶贫　□未享受	□违法犯罪等不良记录 □服刑记录　□施暴史 □受虐受暴史 □成瘾（酒精、毒品等） ☑无上述不良记录

本人确认已与儿童本人或其监护人逐一说明并确认各项内容。

填表日期：__2019_年_5_月__8_日　　　　　　　　　　　　　　儿童主任：____胡××____

本讲资料6：

A2 表填写范本
A2 儿童福利与保护服务需求评估表

___汉源___ 县（区）___九品___乡（镇、街道）___张___村（居）　　　档案编号：_与A1表一致_

基本资料	姓名	张小明	性别	男	出生日期	2008 年 7 月 2 日
	民族	汉族	身份证号	× × × × × ×	× × × × × × × × × × × ×

本次评估类型	☑首次需求评估　　　□年度需求评估

家庭类型	□单亲家庭　　☑隔代家庭　　□其他亲属抚养家庭　　□非亲属抚养家庭　　□其他家庭

户籍需求	□有需求 ☑无需求	如果有需求，请具体描述需求情况及原因：
基本生活需求	☑有需求 □无需求	如果有需求，请具体描述需求情况及原因： 由于奶奶病重，家庭收入有限，需经常关注家庭经济状况，必要时可向村民委员会和民政相关部门申请临时经济救助
医疗卫生需求	☑有需求 □无需求	如果有需求，请具体描述需求情况及原因： 小明体重较轻，冬天易感冒发烧，可能营养摄入不够，抵抗力差，可向爸爸奶奶介绍营养健康、儿童照料等方面的知识
教育需求	□有需求 ☑无需求	如果有需求，请具体描述需求情况及原因：
安全保障需求	□有需求 ☑无需求	如果有需求，请具体描述需求情况及原因：
心理需求	☑有需求 □无需求	如果有需求，请具体描述需求情况及原因： 小明性格内向，好朋友不多，可以邀请他参加儿童之家的活动，教他一些交往技巧。小明写字好，可以鼓励他参加儿童之家的板报书写等活动，让他看到自己有能力做好，培养自信心
就业帮助及技术培训需求	□有需求 ☑无需求	如果有需求，请具体描述需求情况及原因：
家庭成员需求	☑有需求 □无需求	如果有需求，请具体描述需求情况及原因： 奶奶身体不好，又兼顾照顾小明和他哥哥的责任，儿童主任可以为奶奶提供一些心理上的关怀，避免奶奶将情绪转移到小明身上
其他需求	□有需求 ☑无需求	如果有需求，请具体描述需求情况及原因：

儿童服务计划	
一次性服务	□户籍登记　　　□残疾证办理　　　□新农合申请　　　□孤儿津贴申请 □低保申请　　　□两残津贴申请　　□社会组织救助申请　　□民政医疗救助 □危房改造救助申请　□其他政府福利申请　□按时入学　　　　□其他
长期服务	☑重点家访（1月/次）　☑儿童之家儿童集体活动　☑儿童之家亲子活动　□职业技术培训 ☑儿童培训/宣传　　　☑儿童抚养人培训/宣传　　□协助返校/防止辍学　□治疗康复
转介服务	□法律援助　　　　　　□机构/家庭寄养　　　　　　□紧急安置
其他服务	
补充说明	*可以具体说明服务计划的重点* 1.与小明爸爸建立联系，鼓励爸爸多与小明沟通；　2.关注小明家的经济情况，随时申请救助； 3.向爸爸奶奶宣传营养知识；4.鼓励小明参加儿童之家活动，增强自信心；5.多与奶奶沟通纾解压力

填表日期：_2019_ 年_5_月_8_日　　　　　　　　　　　儿童主任：___胡××___

第七讲　儿童主任个案工作——建立关系

课程简介 ▶ ·····································

　　本课程内容时长为 4 小时，包含 3 项必备活动。本讲课程是儿童主任基础必学课程之一，在本讲，学员将学习本土化、符合项目要求的个案工作方法（例如入户家访）。培训师将通过案例分享和情境演练的形式带领学员学习个案工作的目标和重要性、个案的流程和建立关系的方法，帮助学员建立独立开展家访工作的信心。

授课目标 ▶ ·····································

　　①学员明白儿童个案工作的定义和重要性。

　　②学员理解个案工作的一般流程并理解各流程存在的意义。

　　③学员熟练掌握个案工作流程中建立关系的方法与技巧。

授课重点 ▶ ·····································

　　个案的定义和重要性、个案的流程、建立关系的技巧。

给培训师的话 ▶ ·····································

　　本讲"儿童主任个案工作"区别于传统社会工作领域定义的"个案服务"或"个案管理"。儿童主任的工作内容包含了个案服务和个案管理，因此培训师尽量避免照搬传统社会工作知识。培训师应根据授课学员知识基础和能力水平，再决定是否讲解儿童主任个案工作与传统社会工作个案服务的区别。对于没有社会工作基础的学员，在讲课时应适当减少社会工作学术概念的引用，避免学员对概念产生困惑或错误地理解自己的工作要求。

　　培训师无须在本次课程中完整讲解个案工作的全流程及各类技巧，本讲课程将重点学习个案工作 5 个流程中的（初期）建立关系环节，后续课程将分重点根据儿童主任工作的进度与培训的深度讲解个案工作的剩余流程：资料收集与需求分析、制订目标与计划、服务与转介。

授课流程 ▶ ··

第一节 为什么做个案工作（15分钟）
　　　一、讨论：为什么要做儿童个案工作
　　　二、讲知识：个案工作的目标
第二节 儿童主任个案工作是什么、包含哪些流程（25分钟）
　　　一、讲知识：个案工作的定义
　　　二、讨论：个案工作有规范流程吗
　　　三、讲知识：个案工作的五大流程
第三节 上任初期，如何做好个案工作（以初次入户家访为例）（200分钟）
　　　一、做活动：首次入户家访存在的问题及解决办法（必做）
　　　二、讲知识：首次入户家访的准备
　　　三、做活动：如何进行自我介绍（必做）
　　　四、讲知识：自我介绍的注意事项
　　　五、做活动：情境演练——第一次入户家访（必做）
本讲资料　1. ××村（居）入户家访时间规划表（样表）
　　　　　2. 致××村（居）儿童家长的一封信
　　　　　3. 致××村（居）儿童的一封信

第一节　为什么做个案工作（15分钟）🕐

> **内容简介**：本节包含2个环节，培训师通过为什么要做儿童个案工作、个案工作的目标两个方面的知识阐述，帮助学员理解儿童主任个案工作的实际意义。

一、讨论：为什么要做儿童个案工作

讨论目标 ··

帮助学员意识到儿童遇到问题很普遍，理解儿童主任个案工作的现实意义。

讨论步骤 ··

第一步：培训师引入符合当地实情的案例，带领学员回到熟悉的环境，拉近与学员的距离。

参考案例《郭主任与小凯》：村里有个13岁的困境儿童小凯（化名），上小学六年级，父母离婚，父亲服刑，小凯跟着爷爷奶奶生活。爷爷瘫痪在床，不知道还可以去办理残疾证，奶奶打零工照顾小凯。奶奶总是唉声叹气，因为经常有人来家里告状，"你家小凯偷了我家东西""你家小凯打我孙子了"……

第二步：培训师连续提问，帮助学员理解儿童主任个案工作的重要意义。

表7-1 培训师提问及参考答案

培训师的提问	培训师针对学员回答给出的提示
❖ 大家所在村（居）里有"不听话""不懂事""难管教"的孩子吗	给儿童贴标签不利于客观认识儿童
❖ 你觉得如果没有人帮助这名儿童，他最后会怎么样	个案工作是为了系统地帮助儿童
❖ 如果你听说这样的儿童情况，作为志愿者你会做些什么	个案工作和志愿者服务的差异
❖ 儿童主任发现村（居）里有这样的情况，和志愿者做的有什么不同	儿童主任个案工作的职责
❖ 儿童主任入户家访和做儿童集体活动，区别在哪儿	个案工作聚焦点在于个体
❖ 儿童主任需要全能吗？需要会做心理咨询和法律援助吗	个案工作是专业活动，而非面面俱到

二、讲知识：个案工作的目标

讲解

帮助学员理解儿童主任个案工作的意义。

村（居）儿童主任个案工作的目标包含3方面：发现需求、链接资源和递送服务。具体分别如下：

◆ 关注儿童个体及其家庭的个别化需求。

◆ 解决儿童或其家庭无法自行进行的资源链接。

◆ 实现人、财、物的汇聚与融合，从而高效助人。

授课提示

培训师可以根据课堂讨论来说明一个儿童的案例就是一个单独的案例。如果一个家庭中有2个孩子，其实是2个个案。儿童主任应重点对村（居）里的留守儿童、困境儿童开展个案服务。

儿童主任的个案工作与志愿者服务或爱心帮助的差别在于：儿童主任接受过专业培训，通过学习提供相对专业的、长期的、深入的服务。

第二节　儿童主任个案工作是什么、包含哪些流程（25分钟）

> **内容简介：** 本节包含3个部分内容，培训师首先讲解个案工作的定义，再通过讨论引入个案工作的五大流程，帮助学员通过儿童主任工作实际案例理解个案工作的含义及流程。

一、讲知识：个案工作的定义

讲解 ⏱

帮助学员了解儿童主任个案工作的定义，了解即可。

定义：儿童主任个案工作是指儿童主任为本村（居）0~18岁的所有儿童提供一对一服务的过程。为了促进儿童权利的实现，儿童主任通过与政府单位、机构或者个人沟通、协调、合作为儿童提供更系统、更优化、更有效的针对性服务。

📖 授课提示 ————●

建议培训师通过讲述已发生的儿童主任工作故事或实际个案工作的案例来阐释个案工作的定义，代入感更强且清晰。有些学员对定义中名词的理解能力较弱，建议培训师找出定义中的关键词与学员现场互动，帮助学员理解工作经验与学科术语之间的关系。例如，儿童主任从学校、爷爷奶奶处了解到小凯的基本情况，定期对小凯进行家访，链接了很多政府资源，邀请小凯去儿童之家玩耍。小凯因为儿童主任的服务而发生积极的转变，儿童主任提供一对一服务直到小凯成年。

表 7-2　关键词及解读

序号	重点关键词	培训师解读答案参考（简短说明即可）
1	本村	本村的含义是指儿童的户口在本村、长期居住在本村、长期流动在本村
2	儿童	指所有0~18岁的儿童。无论儿童是否残疾、是否单亲、是否家庭经济条件良好，各类儿童都需要服务

序号	重点关键词	培训师解读答案参考（简短说明即可）
3	深入服务	服务的本质在于儿童主任需要主动发现儿童需求并进行资源链接或其他服务内容。根据儿童需求有针对性地开展服务，例如向家长宣传防火防盗虽是服务，但脱离儿童需求；例如儿童主任了解到残障儿童没有享受义务教育，特地与村小学、县教育局沟通，帮助儿童获得送教上门服务。这其中儿童主任的协调、沟通、帮助即为深入服务儿童的过程，保护残障儿童能够与其他儿童一样享受教育的权利
4	政府单位、机构或者个人	政府单位包括县民政局、县教育局等；机构包括开展大病救助的爱心基金会、进行水滴筹的网络平台；个人包括志愿者，愿意捐款捐物的爱心人士等
5	沟通	沟通的对象可以是儿童、家长、学校、邻居、其他儿童主任、专家、村（居）民委员会、各级政府部门、爱心基金会等。沟通的内容以了解并满足儿童需求为目标，例如与儿童家长闲聊村（居）民八卦并不是"沟通"，与儿童家长交流儿童近期的饮食起居则是"沟通"
6	协调	个案工作中会出现各类情况，需要儿童主任灵活处理。例如，非低保家庭要求儿童主任帮助申请低保，则儿童主任需要进行信息收集、甄别家庭情况，确认低保办理标准和流程等，最后如果不符合办理标准，则需要对儿童及其家庭进行解释，获得他们的理解，如果符合标准则需要积极协助该家庭办理
7	合作	遇到儿童的各类问题，儿童主任无须过分要求自己，例如儿童遇到家暴、被性侵、儿童及其家人意外去世等，任何情况下，儿童主任都应沉着冷静，及时联系链接各方资源，共同解决问题 儿童主任的角色是信息/资源的传递者，遇到问题，切忌完全代办，甚至提供"一条龙"服务，也切忌变成"领导干部"指挥儿童或其家庭工作

二、讨论：个案工作有规范流程吗

讨论目标

帮助学员在儿童主任的实际工作中理解个案工作流程的合理顺序，并理解流程的应用和体现。

讨论步骤

第一步：培训师引入个案工作完整的案例，帮助学员了解标准化和科学化的个案工作。

第二步：培训师帮助学员归纳儿童主任分别完成了哪些步骤，并引出五大流程。

第三步：可根据案例提出下列问题，帮助学员加深对个案工作流程的理解。

表7-3　培训师提问参考答案

培训师提问	培训师解读问题
❖ 与儿童建立关系只需要在第一次接触的时候吗？和儿童第一次接触后就建立了关系吗	建立关系是持续的过程，并影响服务质量，建立关系不一定马上成功，需要耐心和坚持
❖ 郭主任都向谁收集了资料？为什么要向他们收集	向爷爷奶奶、老师、同学收集资料是为了更好、更全面地了解儿童、理解儿童，帮助儿童主任更好地分析其需求
❖ 郭主任为什么要和家庭商量首先做什么？为什么要制订计划	盲目执行可能导致服务结果与儿童需求背离

三、讲知识：个案工作的五大流程

讲解目标 ··

帮助学员加深对个案工作五大流程细节的理解。

表7-4　个案工作的五大流程

序号	流程	培训师解读方向参考（可结合案例《郭主任与小凯》）
1	接案与建立关系	儿童主任个案工作中的接案，区别于社会工作或者心理学定义层面的接案；考虑到个案工作流程的完整性，儿童主任被要求服务本村（居）所有儿童，即完成所谓的"接案"；个案的工作流程并非完全按照时间顺序发生，建立关系在整个个案工作流程中非常重要，且不断深入，关系建立的好坏会影响整个服务过程
2	收集资料与需求分析	收集资料的内容包括：儿童的基本信息与家庭成员的基本信息；收集资料的目的是找到儿童到底有什么需求，例如通过收集资料发现儿童属于留守儿童，则儿童主任需要更加关注儿童在学业、心理、家庭成员联系等需求上是否需要帮助
3	制订目标与计划	制订目标与计划优先于直接开展服务，儿童主任要能够通过明确的目标找到服务儿童及家庭的切入角度，且可以通过目标的制订与计划衡量自己是否完成了对儿童的服务。儿童主任需注意制订的服务目标与计划是否与儿童需求紧密相连，且目标和计划要根据儿童成长而发生改变，并非一直只有一个服务目标

序号	流程	培训师解读方向参考（可结合案例《郭主任与小凯》）
4	服务与转介	儿童主任只提供自己能够提供的服务，对于不能提供的服务则需要转介。例如当儿童主任发现村内有儿童遭受性侵，首先应该了解儿童情况及性侵害发生的基本情况，不应该逼问或者深入了解儿童被侵害的细节或施暴的过程，也不能主动为儿童家庭提供专业的心理疏导或者法律援助
5	结案	结案有以下3种情况：儿童年满18周岁则自然结案；儿童去世则被动结案；儿童搬离村（居）或者户口迁出本村（居）则结案（针对该类型结案，理想情况是儿童在新居住地被辖区内其他儿童主任接案）

参考案例 ···

郭主任与小凯

①郭主任在学校走访时，听说了小凯（化名）的情况，于是专门通过老师找到了小凯。在和小凯接触后，郭主任觉得小凯非常需要帮助，而小凯也愿意和郭主任聊天。（对应流程：接案与建立关系）

②郭主任和小凯聊完并征得小凯同意之后，由小凯带着来到他家，向他的爷爷奶奶了解情况；之后郭主任多次与小凯的老师、同学、邻居，以及村里其他相关人员谈话，了解小凯家庭的情况。（对应流程：收集资料）

③郭主任和小凯家庭商量后共同认为，首先，需要帮助小凯家解决实际的经济困难，为小凯爷爷办理残疾人证和低保补贴，缓解家庭的经济危机；其次，郭主任要持续地关心小凯，制订服务计划，每周与小凯见面聊聊天，及时了解他的学习和生活情况；最后，郭主任要及时提醒老师、同学善待小凯，营造宽松包容的学习环境，不要总觉得小凯是坏孩子，要多多关心他。（对应流程：制订目标与计划）

④郭主任与村民委员会联系，协助小凯爷爷办理残疾人证，申请低保补贴；郭主任每周都和小凯见面，了解到小凯在学习上有困难，于是联系了暑期回村的一名大学生帮助他补习功课。（对应流程：服务或转介）

⑤小凯家获得了补助，奶奶的负担减轻了不少；近半年来，小凯成绩提升很快，不良的行为没有再出现。随后，小凯被妈妈接到工作的城市生活。（对应流程：结案）

第三节　上任初期，如何做好个案工作（以初次入户家访为例）（200分钟）⏱

> **内容简介**：本节包含5个环节。培训师带领学员学习：如何准备首次入户家访；首次入户家访的准备；如何进行自我介绍；自我介绍的注意事项；通过情境演练，让学员感受第一次入户家访怎么做，帮助新任儿童主任克服对首次家访的恐惧心理。

一、做活动：首次入户家访存在的问题及解决办法（必做）

活动目标

帮助学员缓解儿童主任首次入户家访的焦虑与压力，为建立关系提供基础。

活动时长

30分钟。

活动工具

每组1张大白纸，2支黑色马克笔。

活动步骤

第一步：培训师分组并讲明规则。学员进行分组，人数为5~10人组为一组。

第二步：培训师提出核心问题，邀请学员在20分钟内尽量多地给出答案，针对不同问题，小组每给出一个答案计为1分，最后统计总分。

第三步：培训师巡视教室内各组的情况，当学员无法想出更多答案时，培训师可通过引申方向帮助学员拓宽思路，20分钟后以小组为单位针对问题发言，其他各组如有不同答案可补充，以节约每组分享的时间。

第四步：培训师总结每个问题的答案，系统性帮助儿童主任掌握不同层面的准备方法。

表 7-5　入户家访存在的问题及解决方法

核心问题	培训师解读方向参考
❖ 假如村（居）有 537 名儿童，我要如何在 3 个月内又快又准地完成走访呢 ❖ 怎么知道自己每天要走访哪一组哪几户	儿童主任需要明确摸清村（居）儿童情况，否则容易懈息或者爆发性地完成工作任务，而影响完成质量
❖ 掌握村（居）儿童的情况，我需要统计哪些信息	儿童主任需要掌握儿童数量、儿童类型，如果能有更详细的儿童名字、基本信息将更有利于工作的开展
❖ 去别的组走访，人生地不熟怎么办	儿童主任需要在初期工作中多借助其他人的力量，除了村（居）民委员会工作人员，还有很多其他人员可求助
❖ 我需要带什么去某个家庭入户家访呢	除了纸笔，儿童主任可以通过换位思考来决定其他需要携带的东西。儿童主任假想有陌生人想要来自己家里收集一些基本信息，自己会有什么顾虑，通过这一假想则容易明白该携带什么东西消除他人顾虑
❖ 如果有儿童或家庭拒绝我，那该怎么办	心理建设对于儿童主任而言至关重要，尤其当村（居）里没有儿童之家或者村（居）民不熟悉儿童主任，很容易产生排斥和误解，随着扎实的工作推进和深入的服务，这一现象会逐渐得到改变

二、讲知识：首次入户家访的准备

讲解目标 ···

讲解首次入户家访时，儿童主任可以做的准备内容和细节。

表 7-6　首次入户家访准备

序号	准备内容	对应表 7-5 中的核心问题	培训师解读答案参考
1	掌握村（居）儿童信息	怎么了解村（居）儿童的基本信息	①通过村（居）民委员会直接询问，掌握儿童数量及名单 ②通过村（居）民委员会、村（居）组长等，掌握各组的地理位置及各组儿童数量及名单，甚至是儿童的基本情况（可能是比较旧的信息） ③可以通过计生工作人员了解儿童数量及名单（可能不全） ④可以通过幼儿园、小学、中学了解在读学生名单及其基本情况（容易遗漏） ⑤可以通过派出所了解儿童名单及其基本情况（可能派出所不给）

序号	准备内容	对应表7-5中的核心问题	培训师解读答案参考
2	制订家访计划	假如村（居）有537名儿童，如何在3个月内又快又准地走访完呢？自己每天要走访哪一组哪户？怎么设计走访路线呢	①可以根据各小组位置的远近，规划先后去各组的顺序 ②可以根据各小组的儿童数量，规划每组走访大概使用的时间，推算完成全部儿童初次走访所需的时间 ③设计家访时间规划表，保证自己有效率地完成每日工作指标（参见本讲资料1：《××村（居）入户家访时间规划表（样表）》） ④如果有儿童台账，可以对照台账依次进行家访，不容易遗漏儿童。如果村（居）内没有儿童台账，建议儿童主任在走访过程中建立台账，方便未来的长期工作
3	寻求他人支持	去别的组走访，人生地不熟怎么办	①通过自我介绍获得村（居）民委员会及各村（居）小组长的支持，第一次入户可邀请组长一同前往 ②可以利用村（居）民大会，大型活动，或本村（居）的微信群，由村（居）委会主任或村（居）民委员会在会上、群内介绍儿童主任身份、姓名、入户时间，方便儿童主任获得村（居）民认可和支持 ③如果其他组有儿童主任的熟人，可以邀请熟人带领儿童主任第一次入户，消除组内儿童家庭的戒心 ④计生工作人员、妇女主任或其他在村（居）内工作过一段时间的人员都可以成为带领儿童主任入户的陪伴人 ⑤可以跟着有经验的儿童主任入户家访一次，或者邀请他陪同进行几次入户家访，缓解儿童主任第一次家访的焦虑
4	准备家访物品	我需要带什么东西去某个家庭入户家访呢	①证件，表明儿童主任身份 ②收集资料的登记表，例如《儿童及家庭基本信息表》《儿童福利与保护服务需求评估表》 ③笔记本，记录需要跟进的情况、问题等 ④铅笔和黑色水笔 ⑤与工作相关的宣传材料，促进家庭对于儿童主任工作的了解，例如儿童之家画报、省、市级红头文件等 ⑥正式着装（工作服），尽量避免穿背心、短裤、拖鞋等过于休闲随意的服饰
5	自我心理准备	如果有儿童或家庭拒绝我，那该怎么办	①如果有家庭拒绝家访，可以尝试了解原因，在初次家访过程中遇到拒绝是非常正常的，儿童主任可尝试进一步沟通，如不行，也要学会自我劝慰 ②如果数个家庭都拒绝家访，则可以考虑是不是在哪个环节没有准备充分，把短板补上再来家访 ③面对家庭的无理甚至暴力拒绝，要及时反馈给村（居）民委员会、村（居）民小组长，请求他们的支持和帮助

三、做活动：如何进行自我介绍（必做）

活动目标 ·····

帮助学员克服自我介绍的紧张，为建立关系打好基础。

活动建议 ·····

用时 30 分钟。

活动步骤 ·····

第一步：培训师引入活动，邀请大家互动回答：针对不同的服务对象，自我介绍是否应该相同。

第二步：培训师设立规则，根据现场学员设置不同片区，每个片区模拟不同的服务对象环境，包括村（居）民委员会、村（居）民、儿童、儿童家长等，学员面对不同人群进行 1~2 分钟自我介绍，可以把自我介绍的内容以文稿的方式写出来，但是学员站起来阐述的时候需要尽可能脱稿。

第三步：培训师给出建议，讲解不同人群的特点，以及相应自我介绍应该包含的共同点和不同点。

第四步：给每名学员 5 分钟的准备时间，然后培训师邀请 2~3 名学员发言，并邀请其他学员点评发言者自我介绍的优点。培训师引导学员思考如何丰富自我介绍的内容、自我介绍的注意事项有哪些。

第五步：再给每名学员 5 分钟准备时间，重新修改所写的内容，进一步提高话术水平，然后培训师再邀请 2~3 名学员发言，并请其他学员指出发言者自我介绍的优点。

表 7-7　自我介绍对象及问题

自我介绍的对象	培训师提问的问题参考
村（居）民委员会主任	❖ 村（居）民委员会主任了解你的工作内容吗 ❖ 他最关心的内容是什么呢
村（居）民（一群人）	❖ 大家普遍对什么比较感兴趣呢 ❖ 大家能否听懂比较书面化的语言
儿童（个人）	❖ 儿童最关心什么呢？喜欢做什么呢 ❖ 儿童会马上和陌生人很亲近吗
儿童家长（个人）	❖ 儿童家长最关心的是什么呢 ❖ 如果儿童家长年龄很大，能否听懂儿童主任的语言

四、讲知识：自我介绍的注意事项

讲解 目标 ···

帮助学员理解儿童主任需根据不同的介绍对象明确自我介绍的重点内容。

表7-8 自我介绍的注意事项

序号	自我介绍的对象	培训师解读方向参考（介绍的共同点）	培训师解读答案参考（自我介绍的不同点）
1	村（居）民委员会主任	自己是谁？儿童主任开展的工作和对方有什么关系？希望对方怎样配合	因为村（居）民委员会主任对儿童主任的工作内容非常了解，更关心儿童主任的工作开展情况、儿童主任工作所需的支持和资源，以及与村（居）民委员工作的有效结合
2	村民		村（居）民可以帮助儿童主任快速熟悉村（居）的相关情况，帮助村（居）民与儿童主任间建立信任感；儿童主任的工作内容（家访、儿童之家活动、社区工作）能为村（居）民带来什么样的影响，儿童主任开展的服务可以帮助哪些儿童，解决儿童的哪些问题，怎么解决；儿童主任希望村（居）民以什么样的方式支持自己
3	儿童		儿童年龄不同，对语言的理解能力也不同，儿童主任自我介绍时需要使用儿童能够听懂的语言；儿童可能会对陌生人更加排斥，儿童主任是否可以通过一些方式让儿童熟悉自己、认识自己，例如自己与儿童的亲属关系或准备一些小礼物等；儿童更容易被彩色或者会动的内容所吸引，视觉效果好的图片或者视频能够帮助儿童快速了解相关信息
4	儿童家长		儿童家长最关心的是儿童主任是不是坏人或者骗子，是否能够切实有效地服务儿童；儿童主任可以多强调自己能为儿童做哪些事情，儿童之家可以提供哪些免费服务以帮助儿童家长，减轻家长的负担；儿童主任通常需要更多的耐心以获得家长对自己工作的支持，通常自卖自夸的方式不如村里以一传百，儿童主任可借助村（居）内有威望的人帮助自己，宣传自己的工作，将有利于信任关系的建立

*如果儿童主任有沟通障碍或者明显能力不足，但依然有热情尝试这份工作，此时培训师可以使用本讲资料2：《致××村（居）儿童家长的一封信》及本讲资料3：《致××村（居）儿童的一封信》作为辅助，引导儿童主任在家访过程中将两封信发给相关人员。

五、做活动：情境演练——第一次入户家访（必做）

活动目标

帮助学员应用本讲所学的知识，模拟第一次入户家访的情形，克服困难，顺利并专业地完成第一次家访。

活动时长

100分钟。

活动步骤

第一步，培训师邀请学员两两组合。如果学员数量有奇数的情况，可以3个人为1组，但原则上每个组不超过3人。

第二步，培训师讲明活动规则，情境演练包含语言、动作、场景，具体形式类似于话剧。如果学员座位间距较小，可自己找地方模拟。学员要尽量真实生动地把案例内容演出来，角色语言与动作要符合角色特征。排练时间为30分钟，表演时间为5分钟。

第三步，培训师带领学员熟悉案例，分配案例，可根据现场人数和时间增加或减少案例，不建议所有学员只演一个案例，可以在角色对调时更换案例。

第四步，在30分钟的准备时间内，培训师可以对比较茫然和困惑的儿童主任进行引导，帮助学员熟悉角色，并更多地使用之前教授的方法建立关系。

第五步，培训师邀请2~3组学员上台表演，而其他所有学员都成为观察员，观察过程中思考该组学员表演的优点和问题，并进行点评。培训师也可根据表演情况，重复或强调建立关系环节的相关知识，简短引申或拓展专业的社会工作知识。

第六步，学员角色对调，即每个人都会担任一次儿童主任和被走访人员。排练时间20分钟，表演时间5分钟。然后进行表演及点评。

角色目标

儿童主任：克服害怕、胆怯等情绪，尝试用本讲学到的知识和技巧，用不同的方法建立关系。

儿童和儿童家长：感受儿童主任阐述的内容是否吸引自己，是否让自己觉得建立的关系良好。

观察员：观察儿童主任、儿童及儿童家长表演的优点和缺点。

表 7-9　情境演练案例及角色卡

序号	培训师使用案例参考	角色卡（培训师解读方向参考）
1	3 个儿童，单亲家庭，爸爸在本地务工，家庭经济情况较好，有房有车。但爷爷奶奶观念迂腐，只想要钱、要补贴	❖ 爷爷奶奶：儿童主任说了什么？让你愿意放弃钱，放弃补贴 ❖ 儿童主任：如何取得爷爷奶奶的信任
2	14 岁男孩，初二，厌学，整天和小混混在一起玩。3 岁时妈妈离家，爸爸在外地打工。爷爷奶奶管不住孩子	❖ 男孩：儿童主任说了什么让你相信他 ❖ 儿童主任：如何取得 14 岁男孩的信任
3	7 岁男孩，2 岁时爸爸将其带回家由爷爷奶奶养育，爸爸随后离家打工。5 年来爸爸毫无音信，从来没有往家寄过钱。爷爷奶奶同时照顾该男孩二叔家的其他 3 个孩子，整体看护能力较弱	❖ 男孩：儿童主任说了什么让你相信他 ❖ 爷爷奶奶：愿意相信儿童主任吗 ❖ 儿童主任：如何取得大家的信任
4	女孩 11 岁，性格内向，成绩很差，父亲酗酒，家暴母亲	❖ 女孩：儿童主任说了什么让你相信他 ❖ 父亲母亲：愿意相信儿童主任吗 ❖ 儿童主任：如何取得大家的信任
5	听村里人说，13 岁女孩被学校保安性侵了。现在爸爸每日接送女孩上下学（适合有经验的儿童主任模拟，本案例较难）	❖ 女孩：儿童主任说了什么让你相信他 ❖ 父亲母亲：愿意相信儿童主任吗 ❖ 儿童主任：如何取得大家的信任

本讲资料1：

××村（居）入户家访时间规划表（样表）

计划制订日期：××年××月××日 儿童主任：＿＿＿＿＿

组号	户数	儿童总数	组长名字	联系电话	单程距离	规划家访时间	走访天数	完成情况
1	20	32	王××	139×××××××	步行5分钟	9月1日（周一）至9月4日（周四）	4	√已完成
2	43	60	刘××	138×××××××	步行15分钟	9月5日（周五）至9月15日（周一）	7	√已完成
3	12	18	韩××	136×××××××	开车10分钟	9月16日（周二）至9月17日（周三）	2	
4	33	42	…	…	…	…		
5	25	37	…	…	…	…		
6	50	82	…	…	…	…		
7	67	96	…	…	…	…		
8	48	71	…	…	…	…		
9	65	99	…	…	…	11月15日（周四）11月30日（周五）		
合计	363	537	3个月共60个工作日，每天需走访9人					

××村（居）入户家访时间规划表（空表）

计划制订日期：＿＿年＿＿月＿＿日　　　　　　　　　　　　儿童主任：＿＿＿＿＿＿＿

组号	户数	儿童总数	组长名字	联系电话	单程距离	规划家访时间	走访天数	完成情况
合计			＿＿＿＿个月共＿＿＿＿个工作日，每天需走访＿＿＿＿人					

本讲资料2：

致××村（居）儿童家长的一封信

家长朋友们：

　　你们好！

　　你们还在为不能在孩子身边照顾他们而内疚吗？你们还在担心孩子一个人孤独的时候会不会悄悄地哭吗？你们还在为孩子可能学习遇到困难无法解决而伤神吗？

　　我叫_____（儿童主任姓名），和你一样是本村（居）的一员。在国务院《关于进一步健全农村留守儿童和困境儿童关爱服务体系的意见》的支持下，我有幸成为本村（居）的"儿童主任"，我的主要任务是支持作为儿童家长的你们，和你们一起共同面对儿童成长的困难和问题，并尽自己的能力或联系社会力量去帮助他。我会走到每个儿童家里，去了解儿童的基本情况，请放心，我收集到的儿童信息都是保密的，这也是为了我能够更好地服务村（居）里的每个儿童。工作中，我也将不定期通过家访的形式，来更深入地了解儿童的变化和不同的需求。我年龄适中、富有爱心、沟通力强、受过专业培训，将会全心全意地关心和帮助你的孩子。请你放心！

　　在_____（资助单位/政府部门）的资助下，在各级党委政府及相关部门的帮助下，我们在本村（居）（儿童之家地址：_____）开设了"儿童之家"，也是我办公的场所。在这里，有儿童喜欢的图书、动画片和体育用品，有宽敞的室内室外空间。每周_____和周_____（开放时间_____），都会按时向儿童开放。每个月还有精彩的主题活动，你的孩子会度过很多快乐的时光！

　　这是我的联系方式：_____（儿童主任联系电话），请你随时保持和我联系，方便随时了解儿童的情况！

_____年_____月_____日

本讲资料3：

致××村（居）儿童的一封信

小朋友们：

你们好！

你有过为课余假日的寂寞无聊而伤神吗？你还在为无人辅导功课的问题而纠结吗？你有为无人分享的悲伤快乐而发愁吗？……那么请来找我吧！

我叫＿＿＿＿＿＿＿，是村（居）里一名普通的阿姨/叔叔，当你的老师工作繁忙时，我希望能像老师一样鼓励你、支持你、帮助你；当你没有小伙伴时，我希望能像朋友一样走近你。我会竭尽所能，回答你的疑问，倾听你的心声，和你一起努力面对困难，伴随聪明可爱的你健康成长！

平时，我会时常来到你的家里或是学校，了解你的个人和家庭情况，陪你聊天，你可以将想给家长和老师说但又不方便说的话告诉我。当然，你给我说的悄悄话，我也会严格保密。我会和你一起面对困难，也会联系社会上有爱心的叔叔阿姨，共同帮助你。

为了让你和村（居）里其他的小朋友能有一个愉快玩耍的"小天地"，在有爱心的叔叔阿姨们的帮助下，我们在本村（居）（儿童之家地址：＿＿＿＿＿＿＿＿＿＿＿＿）开设了"儿童之家"。在这里，有你喜欢的图书、动画片和体育用品，还有宽敞的室内室外空间。每周＿＿＿＿＿和周＿＿＿＿＿（开放时间＿＿＿＿＿＿＿＿＿），都会按时向你开放。每个月还有精彩的主题活动哦，请你有时间一定过来玩。你会和村（居）里的小伙伴共同度过很多快乐的时光！

就说到这里吧，这是我的联系方式：＿＿＿＿＿＿＿＿＿，亲爱的你要记住哦！

＿＿＿＿＿年＿＿＿＿＿月＿＿＿＿＿日

第八讲　儿童主任村（居）工作——安全隐患排查

课程简介 ▶ ....

　　本课程内容时长为 1 小时，包含 2 项必备活动。本讲课程围绕社区社会工作与儿童成长发展的关系，让学员们具备儿童友好社区意识，学会从村（居）角度开展儿童工作。此外，通过学习本讲内容让学员在上任之初尽快识别村（居）公共区域的安全隐患，上报村（居）民委员会，及时做好预防和改进工作。

授课目标 ▶ ....

　　①学员了解村（居）的定义、村（居）与儿童的关系。

　　②学员理解友好村（居）的概念、具备村（居）工作意识。

　　③学员掌握识别村（居）公共区域安全隐患的相关知识，上报村（居）民委员会，及时做好预防和改进工作。

授课重点 ▶ ....

　　儿童友好村（居）、村（居）公共区域安全隐患排查。

给培训师的话 ▶ ....

　　本讲课程希望培养儿童主任的村（居）工作意识，理解"人在情境中"，明白部分儿童的问题不仅是个人和家庭的问题，还有村（居）的因素。此课程为系列课程，儿童主任第一阶段工作的主要任务就是排查并上报村（居）公共区域安全隐患，从而为之后的儿童工作打好基础。建议培训师提前掌握授课对象是来自农村还是城市，以便针对村（居）公共区域不同的安全隐患予以讲解。

授课流程

第一节　村（居）的定义及村（居）与儿童的关系（25分钟）
　　一、讨论：你所理解的村（居）是什么
　　二、讲知识：村（居）的定义
　　三、讨论：村（居）与儿童的关系
　　四、讲知识：儿童友好村（居）的定义
　　五、讲知识：儿童主任开展村（居）工作的意义及主要方面

第二节　村（居）工作重点：公共区域安全隐患排查（35分钟）
　　一、做活动：发现、识别公共区域安全隐患
　　二、列举：常见的公共区域安全隐患有哪些
　　三、讲知识：公共区域安全隐患的排查及处理原则
　　四、讨论：如何上报或处理发现的安全隐患
　　五、讲知识：处理村（居）公共区域安全隐患时儿童主任的职责和工作内容

本讲资料　儿童之家安全管理核查清单

第一节　村（居）的定义及村（居）与儿童的关系（25分钟）

> **内容简介**：本节包含两个知识点，一是村（居）的定义，二是儿童友好村（居）。培训师首先通过引导学员讨论"你所理解的村（居）是什么"明确村（居）的定义；再通过讨论"村（居）与儿童的关系"引导学员理解"人在情境中"，即理解儿童的健康成长与村（居）之间的关系，从而引出儿童友好村（居）的定义，培养学员对建立儿童友好村（居）的意识。

一、讨论：你所理解的村（居）是什么

讨论目标

　　结合学员的生活区域谈一谈他们所理解的村（居），让学员们意识到村（居）的存在。

讨论步骤

第一步：培训师与学员互动，一方面了解大家的基本情况，拉近与学员的距离；另一方面引入主题："大家的籍贯是哪里，具体到哪个县（市、区），哪个乡镇（街道），哪个村（居）？"

第二步：培训师继续通过提问的方式，启发学员回答："什么叫村（居）？谈一谈你所理解的村（居）。"

第三步：根据大家的回答，培训师进行总结，给出村（居）的定义。

二、讲知识：村（居）的定义

讲解目标

帮助学员理解自己生活的"村（居）"的概念。

对于长期生活在村（居）的儿童主任来说，对村（居）非常熟悉却又很少细究它是怎样的存在，建议培训师以提问题的方式引入村（居）的定义："请大家联系自己的生活说一说你所理解的村（居）是什么。"

村（居）的概念①：有一定的地理区域；有一定数量的人口；居民之间有共同的意识和利益；有着较密切的社会交往。

三、讨论：村（居）与儿童的关系

讨论目标

让学员理解村（居）与我们的家庭、儿童的成长之间的联系。

案例：郑家庄是一个位于大山深处的村庄，儿童上学和放学回家都要走很长的路，翻过一座山才能到，每隔一两年村里就会发生一次儿童安全事故；村里有家长当街打骂孩子，邻里看到了也只会背后说说，从不当面制止。（儿童安全与保护问题）

四、讲知识：儿童友好村（居）的定义

讲解目标

帮助学员理解什么是儿童友好村（居），培养学员形成儿童友好村（居）意识。

---

① 全国社会工作者职业水平考试教材编写组．社会工作综合能力（中级）［M］．北京：中国社会出版社，2008.

讨论步骤 ···

第一步：将案例提供给大家，分组讨论案例中的村（居）对生活在这里的儿童有什么影响？

第二步：根据大家的回答，培训师进行总结：村（居）是儿童的生活场所，是儿童生活资源和文化背景的载体；村（居）是一个互相照顾的网络，一个可以满足儿童成员生理需要、心理需要的单位。儿童生活在本村（居）的社会环境中，社会环境影响儿童行为。社会工作强调"人在环境中"，提出在情境中理解人的行为，强调利用环境资源以促进儿童及家长的改变和提升。

第三步：根据下述案例4，拓展讲解关于"儿童友好村（居）"的概念。儿童友好村（居）是指能够满足儿童及其家庭对于儿童保护和服务的需求，资源共享、安全、友爱、舒适、适合儿童居住的村（居）。

讨论备选案例素材：

案例1：张家村的好几处枯井和池塘，没有任何安全警示和围栏，曾经发生过儿童跌入枯井死亡的事件，但是事后村里并没有采取适当的安全保障措施。（容易造成儿童意外伤害）

案例2：黄家庄是个城中村，往来人流量大，村里有很多舞厅、台球厅、网吧。（容易造成儿童走失、沉迷网络和游戏，不良社会行为、缺少人际沟通）

案例3：近几年徐家坡引进了工业加工厂，噪声很大且排放大量污染物。（容易影响儿童生活、破坏自然环境，影响儿童健康成长）

案例4：最近几年谷老庄加快建设儿童友好社区，村子里设置道路交通警示牌，排查村内安全隐患，设立儿童之家、篮球场、足球场等儿童活动场所，多次举办书画节、节日晚会等活动，鼓励村里儿童积极参与，提升儿童对于村子的归属感。此外，为促进村（居）民委员会与社会组织合作和交流，社会组织牵头举办亲职教育讲座，引导家长学习科学的育儿方法。（安全、友好、资源共享、儿童参与的友好村居）

儿童友好村（居）是指整体环境有利于儿童身心健康发展，能够满足儿童及其家庭儿童保护和服务需求，即资源共享、安全、友爱、舒适、适合儿童居住的村（居）。儿童友好村（居）对于大多数村（居）民来说还是一个新的概念，需要儿童主任开展倡导工作，帮助村（居）民了解和实现儿童友好社区的建设目标。

授课提示 ───────●

在讲述这部分内容时，培训师也可以播放与儿童友好社区相关的视频，便于学员更深入地了解什么是儿童友好社区。

五、讲知识：儿童主任开展村（居）工作的意义及主要方面

讲解目标：帮助学员理解为什么开展村（居）工作，以及主要从哪些方面着手开展村（居）工作。

村（居）是儿童生存环境、生活资源和文化背景的载体，儿童的生存发展与生活的社区息息相关。村（居）的自然环境影响儿童的生存与健康，基础设施建设与文化氛围影响着儿童的成长发展。通过开展社区工作可以帮助儿童主任了解儿童问题产生的原因，更深入地解决儿童问题，增强儿童社会融入度，从而让儿童更好地发展。[①] 儿童主任村（居）工作主要包括以下方面：

- ✦ 排查并上报村（居）内与儿童相关的安全隐患。
- ✦ 整合村（居）内的有效资源，更好地为儿童提供服务。
- ✦ 宣传倡导，构建资源共享、安全、友爱、舒适、适合儿童居住的村（居）。

第二节　村（居）工作重点：公共区域安全隐患排查（35分钟）🕐

> **内容简介：**本节包含两个知识点，一是发现、识别常见的村（居）公共区域安全隐患，二是处理村（居）公共区域安全隐患中儿童主任的职责和工作内容。培训师首先通过"发现、识别公共区域安全隐患"的讨论和活动，清晰列出常见的公共区域安全隐患有哪些，通过讲解"如何上报或处理发现的安全隐患"，让学员具备排查村（居）公共区域安全隐患的意识，并知道如何上报和处理。

安全问题是所有工作有序开展的基础和保证。在儿童主任没有上岗之前，我们也会看到一些安全隐患，会提醒家人和小孩注意，但当我们从事"儿童主任"这一工作时就需要将全村儿童的安全问题放在第一位，所以儿童主任在上岗之初就需要开展儿童之家与村（居）的安全隐患排查工作。

---

① 全国社会工作者职业水平考试教材编写组. 社会工作综合能力（中级）[M]. 北京：中国社会出版社，2008.

一、做活动：发现、识别公共区域安全隐患

活动目标 ··

帮助学员发现、识别公共区域安全隐患。

活动背景 ··

最近村（居）新来了1名儿童主任李×，她在走访中发现村（居）有大量的安全隐患，为了给儿童的成长提供安全的环境，她决定开展1次村（居）安全隐患排查活动。现在需要我们分小组帮助李×，1组列出室内存在的安全隐患，1组列出室外即村（居）存在的安全隐患。

活动工具 ··

每组1张大白纸，2支马克笔。

活动步骤 ··

第一步：各小组成员用5~10分钟时间按照领到的不同任务，在大白纸上列出或画出常见的安全隐患。

第二步：派1名代表分享本组的成果，如果有真实的案例也可进行简要分享。

第三步：其他同任务的小组可进行补充。

第四步：培训师带领大家梳理上述分享中学员们罗列出来的安全隐患。

二、列举：常见的公共区域安全隐患有哪些

列举目标 ··

对村（居）公共区域与儿童相关的安全隐患进行列举。

表8-1 公共区域常见安全隐患

区域	易发生隐患处
儿童之家	房屋门窗、护栏、楼梯、阳台、玩具、用电、用火、悬挂物、药品等
村（居）内公共区域	道路交通 健身器材 危险建筑物：危房、危楼、危桥、施工工地 城市：门禁与治安、电梯、水景 农村水域：河流、水塘、湖泊、小河、沼泽 农机、农具、农药 其他：电线、人烟稀少的树林、大山、化粪池、枯井 ……

三、讲知识：公共区域安全隐患的排查及处理原则

讲解目标 ⋯⋯⋯⋯⋯⋯⋯⋯⋯⋯⋯⋯⋯⋯⋯⋯⋯⋯⋯⋯⋯⋯⋯⋯⋯⋯⋯⋯⋯⋯⋯⋯⋯

安全隐患难以列举穷尽，所以在排查过程中要按照下列原则排查，尽量做到细心。

✦ 儿童视角原则：站在儿童的角度对所处环境进行评估及预判，并以儿童的思维方式发现所有可能对儿童造成伤害的安全隐患。

✦ 不接触原则：将存在安全隐患的物品妥善放置，以儿童无法直接接触到为存放标准。

✦ 及时处理原则：对于儿童之家排查出来的安全隐患需及时处理，对村（居）内其他公共区域排查出来的不能立即处理或儿童主任无法处理的隐患和问题，要及时上报村（居）民委员会及儿童督导员。

四、讨论：如何上报或处理发现的安全隐患

讨论目标 ⋯⋯⋯⋯⋯⋯⋯⋯⋯⋯⋯⋯⋯⋯⋯⋯⋯⋯⋯⋯⋯⋯⋯⋯⋯⋯⋯⋯⋯⋯⋯⋯⋯

儿童主任如何上报和处理发现的安全隐患。

讨论步骤 ⋯⋯⋯⋯⋯⋯⋯⋯⋯⋯⋯⋯⋯⋯⋯⋯⋯⋯⋯⋯⋯⋯⋯⋯⋯⋯⋯⋯⋯⋯⋯⋯⋯

第一步：培训师带领大家思考，当发现安全隐患时，学员应如何解决。

第二步：培训师邀请几名学员分享自己的看法，其他学员可进行补充。

第三步：培训师带领大家梳理并提供合理的解决方法。

五、讲知识：处理村（居）公共区域安全隐患时儿童主任的职责和工作内容

讲解目标 ⋯⋯⋯⋯⋯⋯⋯⋯⋯⋯⋯⋯⋯⋯⋯⋯⋯⋯⋯⋯⋯⋯⋯⋯⋯⋯⋯⋯⋯⋯⋯⋯⋯

儿童主任清楚自己处理村（居）公共区域安全隐患时的职责和具体工作内容。

儿童主任主要负责儿童之家内部安全隐患处理，及时做好预防工作，并对村（居）公共空间存在的安全隐患做到及时排查、上报，并通过宣传倡导提升村（居）民及儿童的安全意识。

表8-2　儿童主任工作职责

区域	儿童主任主要职责	工作内容
儿童之家	主要负责人	儿童之家成立之初： 1. 核实房屋安全 2. 检查电路安全，线路是否外露，插座是否有保护罩 3. 检查门窗护栏是否老化，是否过低 4. 检查室内悬挂物是否固定好 5. 检查儿童之家急救箱药水药片、灭火器等是否放在孩子够不着的地方，避免误食误用 …… 儿童之家日常管理：每日开放前进行常规检查，填写《儿童之家安全管理核查清单》
村（居）公共区域	排查和上报，宣传倡导工作	儿童主任上任后，前半年做好村（居）公共区域安全隐患排查和上报工作，以及宣传倡导等工作，主要包括： 1. 联合交通部门对村（居）内道路交通进行整治，按要求设立标识牌 2. 设立施工工地安全警示牌，拉警戒线 3. 检查健身器材是否损坏、老化，按要求报修或设立标识牌 4. 在河流水塘、池塘水景、游泳池、沼气池、化粪池等区域及时设立警示牌，拉警戒线；针对闲置的枯井，及时设置井台、井盖、护栏，或根据要求封闭、填埋枯井 5. 加强村（居）内安全管理，提高村（居）民的警惕意识 6. 设立危房警示牌，封闭并拉警戒线；对有使用需求的危楼、危房、危桥，上报村（居）民委员会进行危房改造、重修；对于无使用需求的危楼、危房、危桥，上报村（居）民委员会，由村（居）民委员会协调相关人员及时进行拆除和清理 7. 在农村社区，对于农机农具、农药，提醒村民加强使用管理，避免儿童误碰、误食 8. 对于辖区有森林和大山的村（居），需设防火安全标识牌 9. 检查电梯运营是否正常，加强日常管理监督 ……

📖 **授课提示** ————————●

　　授课培训师可以再次提醒新上任儿童主任需要完成村（居）安全隐患排查，主要是公共区域的安全排查，这不仅有利于儿童日常生活安全，而且为后续工作的开展以及做好儿童友好村（居）建设工作打下很好的基础。

本讲资料：

儿童之家安全管理核查清单

_____村（居）　　　　　　儿童主任姓名：_____ 日期：_____

序号	核查内容	核查情况	
		是	否
1	我确定儿童之家门窗玻璃完整、没有破损		
2	我确定儿童之家地面平整无坑洼		
3	我确定儿童之家尖锐的桌椅角已经安装防撞保护套		
4	我确定儿童之家已经安装防触电插口		
5	我确定儿童之家没有杀毒剂等有毒物品		
6	我确定儿童之家没有漏水、漏电、塌陷等风险		
7	我确定儿童之家开放时地面不湿滑		
8	我确定儿童个人和家庭信息安全存放，不被他人随意翻看		
9	我确定已经对儿童之家外的楼梯、废料、公路、水塘等安全风险进行处理或上报		
10	我确定儿童之家开放时提醒儿童注意台阶、楼梯等安全隐患		
11	我确定儿童之家开放时提醒儿童注意来往路上的交通、池塘、野狗等安全隐患		

第九讲 儿童主任工作经验分享

课程简介 ▶ ···

　　本课程内容时长为 1 小时，包含 2 项必备活动。本讲课程需邀请具有丰富经验的儿童主任作为本课程的培训师，通过案例分享、图片及视频展示等方式围绕其提供服务村（居）的基本情况、具体工作开展——入户收集村（居）儿童基本情况、个案服务、儿童之家活动以及成长与收获方面进行分享，帮助学员增加对实际工作的了解、降低畏难心理、提升工作信心与职业认同感。

授课目标 ▶ ···

　　①学员了解儿童主任在开展实际工作中的方法与技巧。

　　②学员加强对实际工作的了解、减少畏难情绪、增强工作信心与职业认同感。

授课重点 ▶ ···

　　儿童主任工作经验、职业认同感。

给培训师的话 ▶ ···

　　本讲课程围绕基本情况介绍、具体工作开展、成长和收获等方面，为培训师提供了课程必讲与选讲问题。

　　培训师首先通过回答问题的方式，按照授课提示形成一个完整的故事，以此作为课程内容；讲授课程内容时，培训师要通过多举例，多提供照片和视频的方式进行课件展示，并且在课程分享过程中，采用质朴生动的语言，表达出真情实意，激发新任儿童主任的共鸣，让还未上岗的儿童主任相信自己未来能做好儿童主任的相关工作。

授课流程 ▶ ···

第一节　基本情况介绍（5 分钟）

第二节　具体工作开展介绍（35 分钟）

　　一、前期准备阶段

　　二、首次入户与基线调研阶段经验分享

三、服务个案案例分享

四、儿童之家管理与主题活动经验分享

第三节 成长收获与职业认同（10分钟）

第四节 答疑环节（10分钟）

本讲资料 儿童主任工作经验分享清单

第一节 基本情况介绍（5分钟）

> **内容简介**：一、村（居）的基本情况（必讲）
>
> 二、自我介绍（必讲）

基本情况介绍分为两部分：第一部分是本村（居）基本情况介绍，第二部分是分享者自我介绍。

本村（居）基本情况介绍包括：村（居）地理位置、社会环境、民族特色、人口构成等，尤其是本村（居）儿童数量、具体年龄段分布、儿童类型等。分享者通过介绍本村（居）基本情况，让儿童主任了解分享者所服务村（居）的背景以及服务对象——儿童的基本情况。

自我介绍需要分享者就自己的成长背景、学历等基本情况进行简要介绍，让学员了解分享者，从而拉近与学员的距离。

授课提示

这一部分可以选择几张有代表性的照片来展示，突出当地的地理环境与风土人情，让学员们感受更直观，印象更深刻。

第二节 具体工作开展介绍（35分钟）

一、前期准备阶段

> **内容简介**：你在刚担任儿童主任时，为了在村（居）开展好本职工作，你做了哪些准备？（选讲）

儿童主任刚上任时，会面临新的工作环境、多重的工作内容、儿童及村（居）民的认可等重重压力，期待分享者能以过来人的身份为新上任儿童主任提供建议。

二、首次入户与基线调研阶段经验分享

> 1. 你还记得第一次入户家访吗？当时心情是怎样的？为了顺利开展工作，你做了哪些准备？是如何克服困难的？（必讲）
>
> 2. 在收集儿童和家庭基本情况阶段，你有什么经验和大家分享吗？（选讲）

入户收集儿童及家庭基本信息是儿童主任面临的重大挑战。首次入户需要做哪些准备？如何进行自我介绍？入户目的、访谈对象等是否明确？遇到儿童及家长不配合、质疑、敷衍等行为如何应对，自己的紧张心理是怎样克服的？

在收集重点儿童及家庭基本信息阶段，面对村里数百名儿童，如何在短期内快速了解到重点儿童名单并进行有效的信息收集？分享者可以讲述自己当时的状态，带领学员重温自己的经历，让大家在之后的工作中做好准备。

📖 授课提示 ————●

①建议分享者介绍准备入户和入户时的具体过程。例如，说的哪些话使得儿童家庭比较愿意分享更多内容？入户前是否有先去村（居）民委员会查看这个家庭的相关信息？在沟通困难时有哪些做法和经验，或其他做法？等等。②分享具体做法、入户现场情况、心理感受，帮助学员建立入户家访的信心。③分享者在分享时需要根据自己的实际情况多以图片、视频的形式展现，吸引学员注意力，增强代入感。

三、服务个案案例分享

> 分享2~3个你觉得做得最成功——儿童及家庭情况改善最显著的个案服务。（必讲）

个案服务内容包括：家庭背景、基本情况、收集信息的方法、开展的服务，儿童的变化，开展工作的心得体会。

分享要求：选择不同服务内容的案例，可在政策落实、社会资源链接、心理陪伴与关爱、儿童行为指导等方面分别选择，至少选择两个案例。

📖 **授课提示** ————————●

个案服务的案例分享要以讲故事的形式展现，并注意在配图时选择服务前与服务后的对比图，注意不能使用儿童真实姓名，应用化名，以及照片需要打码等保护儿童隐私。

四、儿童之家管理与主题活动经验分享

> 1. 分享你的儿童之家管理经验。（必讲）
>
> 2. 分享你组织的最成功的一次主题活动。（选讲）

儿童之家日常管理与主题活动开展是儿童主任的一项重要工作。在日常管理上，需要围绕物资、人员及开放日的管理进行经验分享，并将相应的表格、档案管理情况拍照分享，包括物资签收表、签到表、规章制度、档案存放等，在做好保密处理后进行拍照。在主题活动上，要围绕活动主题、活动组织、现场的基本情况、儿童变化、儿童家长参加之后的反馈等方面进行分享，但由于《儿童主任工作职责》中对于儿童主任在开展主题活动方面未作强行要求，所以分享者可以根据实际情况及时间要求决定是否讲解。

📖 **授课提示** ————————●

建议分享者在分享时多以图片、视频的形式展现，并注意做好涉及人员的隐私处理。

第三节　成长收获与职业认同（10分钟）⏱

> **内容简介：** 1. 你在开展工作的整个过程中遇到的最大困难是什么？为克服这个困难你做了哪些努力？（选讲）
>
> 2. 自担任儿童主任以来，你有哪些成长和收获？［工作总结，个人成长，儿童、儿童家长、村民及村（居）民委员会领导等各方评价］（必讲）
>
> 3. 对比刚从事"儿童主任工作"时，你为什么还一直在坚持做这份工作？（必讲）

这部分一方面帮助分享者梳理自己的工作和收获，另一方面是为了提高新任儿童

主任的工作热情和积极性。关于工作收获，分享者需将自己的个人收获、个人发展、工作氛围与工作价值等尽可能多地分享给学员。分享者可以对比自己上任前后对这份职业认识的不同，从而升华主题。

第四节　答疑环节（10分钟）

经过培训师的讲述，新入职的学员有一系列围绕工作的问题想要现场请教培训师，根据以往的培训经验，问题可能包括：

1. 我们村（居）儿童数量很多，怎么高效开展儿童主任工作？

2. 除了做儿童主任工作，我还承担村（居）民委员会/学校/乡镇部分工作，这样该如何合理分配精力？

3. 入户家访时，儿童家长不配合，不理我，怎么办？

4. 儿童问题那么多，我刚从事这方面的工作，啥都不会，不知道从哪里着手。

……

培训师可围绕上述问题根据自己实际工作中积累的经验，提前稍做准备，如果有不会回答的问题，可以坦诚告知，课后讨论或者之后请教其他专家并予以答复。

本讲资料：

儿童主任工作经验分享清单

导语

邀请经验丰富的儿童主任给新任儿童主任分享工作经验时，可围绕服务村（居）基本情况、具体工作开展、个人成长和收获等方面的问题展开，在叙述时通过照片和视频的方式，以叙事性的口吻表达，增强新任儿童主任工作信心与职业认同感。

要求

1. 本节课的时间一般设置在 30~60 分钟。整节分享课由儿童主任按照时间线讲解自己的工作情况，做到重点突出、内容充实，构成一个完整的故事框架。

2. 题目分必讲与选讲，选讲题目可根据个人情况与课时要求选择性回答。

3. 尽量在具体工作开展方面——入户收集村（居）儿童基本情况、个案服务、儿童之家活动方面多采用图片及视频展示的形式，并做好隐私处理。

4. 课程分享过程中，语言质朴生动，表达出真情实感，引发新任儿童主任共鸣。

基本情况方面

1. 村（居）的基本情况（选讲）。

2. 自我介绍（必讲）。

具体工作开展方面

1. 你在刚担任儿童主任时，为了在村（居）开展好本职工作，你做了哪些准备？（选讲）

2. 你还记得第一次入户家访吗？当时心情是怎样的？为了顺利完成工作，你做了哪些准备并如何克服困难？（必讲）

3. 收集儿童和家庭基本情况阶段，你有什么经验和大家分享吗？（选讲）

4. 分享 2~3 个你觉得做得最成功——儿童及家庭情况改善最显著的个案服务。（必讲）

个案内容包括：家庭背景、基本情况、如何了解情况，如何开展服务，孩子有哪些变化，有什么心得。

要求：服务内容需不一样，可在政策落实、社会资源链接、心理陪伴与关爱、儿童行为指导等方面分别选择，至少选两个案例。

5. 分享你的儿童之家管理经验。（物资、人员、日常管理）（必讲）

6. 分享你组织的最成功的一次主题活动。（你是如何组织的？现场的基本情况是怎

样的？儿童、儿童家长参加之后的反馈如何？）（选讲）

成长收获与职业认同方面

1. 你在开展工作的整个过程中遇到的最大困难是什么，为克服这个困难你做了哪些努力？（选讲）

2. 自担任儿童主任以来，你有哪些成长和收获？（工作总结，个人成长，儿童、村（居）民及村（居）民委员会领导等各方评价）（必讲）

3. 对比刚从事儿童主任一职时，你为什么还在坚持做这份工作？（选讲）

培训体系课程表

培训级别	科目名称
上岗培训 （第一册）	儿童主任职责与原则
	（某省份）儿童福利和保护政策
	儿童权利
	儿童之家——布置与剪彩
	儿童主任的资源分布
	日常工作表格的使用与管理
	儿童主任个案工作——建立关系
	儿童主任村（居）工作——安全隐患排查
	儿童主任工作经验分享
初级培训 （第二册）	社会工作价值观——接纳技巧
	儿童发展特点
	个案工作——信息收集与需求分析
	儿童之家——秩序与日常管理
	儿童之家——体育活动开展
	社区工作——宣传方法
	儿童主任专题经验分享（活动/个案）
	儿童社会工作基本概念（选修）
中级培训 （第三册）	个案工作——目标制定
	沟通技巧（上）：倾听与共情
	儿童侵害（上）：概念与影响
	儿童之家——绘画活动开展
	压力管理

培训级别	科目名称
高级培训 （第四册）	儿童侵害（下）：预防与处理
	个案工作——服务记录
	沟通技巧（下）：真诚与回应
	儿童之家——手工活动开展
	儿童之家——音乐戏剧活动开展
	儿童之家——绘本阅读活动开展
	优势视角（选修）
专题培训 （持续更新中） （第五册）	儿童工作的伦理困境
	儿童主任个案：案例分析（含结案与评估）
	儿童之家——主题活动设计
	儿童之家——儿童心理类活动设计
	全面性教育
	儿童心理健康
	儿童常见心理问题与评估
	儿童心理问题干预技巧：短期焦点与叙事疗法
	儿童心理危机干预
	未成年人自杀自伤的危机评估与干预
	正向教养与家庭养育
	儿童 0～3 岁早期养育知识
	儿童 3～6 岁养育知识
	儿童 6～12 岁养育知识
	儿童 12～18 岁养育知识
	社会组织与儿童主任
	残疾意识提升与融合教育
	未成年人保护法与强制报告制度
	儿童保护工作的流程与资源链接
	儿童工作实务督导

参考文献

［1］《儿童督导员工作指南（指导版）》，民政部儿童福利司，内部资料，2019 年 8 月。

［2］《儿童主任工作指南（指导版）》，民政部儿童福利司，内部资料，2019 年 8 月。

［3］王思斌．社会工作导论（第二版）［M］．北京：高等教育出版社，2013.

［4］许莉娅．个案工作（第二版）［M］．北京：高等教育出版社，2013.

［5］刘梦．小组工作（第二版）［M］．北京：高等教育出版社，2013.

［6］徐永祥．社区工作［M］．北京：高等教育出版社，2004.

［7］王思斌．社会行政（第二版）［M］．北京：高等教育出版社，2013.

［8］ALLEN-MEARESP．儿童青少年社会工作［M］．范志海，李建英，译．上海：华东理工大学出版社，2013.

［9］阿什福德，雷克劳尔，洛蒂．人类行为与社会环境：生物学、心理学与社会学视角［M］．王宏亮，李艳红，林虹，译．北京：中国人民大学出版社，2005.

［10］谢弗，等．发展心理学（第九版）［M］．邹泓，等译．北京：中国轻工业出版社，2016.

［11］黛布拉·哈夫纳．从尿布到约会：家长指南之养育性健康的儿童（从婴儿期到初中）［M］．王震宇，张婕，译．上海：上海社会科学院出版社，2018.

［12］龙迪．综合防治儿童性侵犯专业指南［M］．北京：化学工业出版社，2017.

［13］北京师范大学社会发展与公共政策学院家庭与儿童研究中心．儿童保护制度建设研究［M］．北京：社会科学文献出版社，2017.

［14］卡杜山，哈克尼斯．社会工作督导［M］．郭名倞，冠浩宇，汪蓓蕾，等译，北京：中国人民大学出版社，2008.

［15］阿黛尔·法伯，伊莱恩·玛兹丽施．如何说少年才会听 怎么听少年才肯说［M］．安燕玲，译．北京：中央编译出版社，2013.

［16］李群锋.儿童沟通心理学［M］.苏州：古吴轩出版社，2017.

［17］任康磊.绩效管理与量化考核从入门到精通［M］.北京：人民邮电出版社，2019.

附　录

1. 关于进一步健全农村留守儿童和困境儿童关爱服务体系的意见

民发〔2019〕34 号

各省、自治区、直辖市民政厅（局）、教育厅（教委）、公安厅（局）、司法厅（局）、财政厅（局）、人力资源社会保障厅（局）、妇儿工委办、团委、妇联、残联，各计划单列市民政局、教育局、公安局、司法局、财政局、人力资源社会保障局、妇儿工委办、团委、妇联、残联，新疆生产建设兵团民政局、教育局、公安局、司法局、财务局、人力资源社会保障局、妇儿工委办、团委、妇联、残联：

为深入学习贯彻习近平新时代中国特色社会主义思想，全面贯彻党的十九大和十九届二中、三中全会精神，认真落实习近平总书记关于民生民政工作的重要论述，牢固树立以人民为中心的发展思想，扎实推动《国务院关于加强农村留守儿童关爱保护工作的意见》（国发〔2016〕13 号）和《国务院关于加强困境儿童保障工作的意见》（国发〔2016〕36 号）落到实处，现就进一步健全农村留守儿童和困境儿童关爱服务体系提出如下意见：

一、提升未成年人救助保护机构和儿童福利机构服务能力

（一）明确两类机构功能定位。未成年人救助保护机构是指县级以上人民政府及其民政部门根据需要设立，对生活无着的流浪乞讨、遭受监护侵害、暂时无人监护等未成年人实施救助，承担临时监护责任，协助民政部门推进农村留守儿童和困境儿童关爱服务等工作的专门机构，包括按照事业单位法人登记的未成年人保护中心、未成年人救助保护中心和设有未成年人救助保护科（室）的救助管理站，具体职责见附件1。儿童福利机构是指民政部门设立的，主要收留抚养由民政部门担任监护人的未满18周岁儿童的机构，包括按照事业单位法人登记的儿童福利院、设有儿童部的社会福利院等。各地要采取工作试点、业务培训、定点帮扶、结对互学等多种方式，支持贫困地区尤其是"三区三州"等深度贫困地区未成年人救助保护机构、儿童福利机构提升服

务能力。

（二）推进未成年人救助保护机构转型升级。要对照未成年人救助保护机构职责，健全服务功能，规范工作流程，提升关爱服务能力。各地已设立流浪未成年人救助保护机构的，要向未成年人救助保护机构转型。县级民政部门尚未建立未成年人救助保护机构的，要整合现有资源，明确救助管理机构、儿童福利机构等具体机构承担相关工作。县级民政部门及未成年人救助保护机构要对乡镇人民政府（街道办事处）、村（居）民委员会开展监护监督等工作提供政策指导和技术支持。未成年人救助保护机构抚养照料儿童能力不足的，可就近委托儿童福利机构代为养育并签订委托协议。

（三）拓展儿童福利机构社会服务功能。各地要因地制宜优化儿童福利机构区域布局，推动将孤儿数量少、机构设施差、专业力量弱的县级儿童福利机构抚养的儿童向地市级儿童福利机构移交。已经将孤儿转出的县级儿童福利机构，应当设立儿童福利指导中心或向未成年人救助保护机构转型，探索开展农村留守儿童、困境儿童、散居孤儿、社会残疾儿童及其家庭的临时照料、康复指导、特殊教育、精神慰藉、定期探访、宣传培训等工作。鼓励有条件的地市级以上儿童福利机构不断拓展集养、治、教、康于一体的社会服务功能，力争将儿童福利机构纳入定点康复机构，探索向贫困家庭残疾儿童开放。

二、加强基层儿童工作队伍建设

（一）加强工作力量。坚持选优配强，确保有能力、有爱心、有责任心的人员从事儿童关爱保护服务工作，做到事有人干、责有人负。村（居）民委员会要明确由村（居）民委员会委员、大学生村官或者专业社会工作者等人员负责儿童关爱保护服务工作，优先安排村（居）民委员会女性委员担任，工作中一般称为"儿童主任"；乡镇人民政府（街道办事处）要明确工作人员负责儿童关爱保护服务工作，工作中一般称为"儿童督导员"。

（二）加强业务培训。各级民政部门要按照"分层级、多样化、可操作、全覆盖"的要求组织开展儿童工作业务骨干以及师资培训。原则上，地市级民政部门负责培训到儿童督导员，县级民政部门负责培训到儿童主任，每年至少轮训一次，初任儿童督导员和儿童主任经培训考核合格后方可开展工作。培训内容要突出儿童督导员职责（见附件2）、儿童主任职责（见附件3），突出家庭走访、信息更新、强制报告、政策链接、强化家庭监护主体责任及家庭教育等重点。各地要加大对贫困地区培训工作的支持力度，做到培训资金重点倾斜、培训对象重点考虑、培训层级适当下延。

（三）加强工作跟踪。各地要建立和完善儿童督导员、儿童主任工作跟踪机制，对认真履职、工作落实到位、工作成绩突出的予以奖励和表扬，并纳入有关评先评优表彰奖励推荐范围；对工作责任心不强、工作不力的及时作出调整。各地要依托全国农村留守儿童和困境儿童信息管理系统，对儿童督导员、儿童主任实行实名制管理，并及时录入、更新人员信息。

三、鼓励和引导社会力量广泛参与

（一）培育孵化社会组织。各地民政部门及未成年人救助保护机构要通过政府委托、项目合作、重点推介、孵化扶持等多种方式，积极培育儿童服务类的社会工作服务机构、公益慈善组织和志愿服务组织。要支持相关社会组织加强专业化、精细化、精准化服务能力建设，提高关爱保护服务水平，为开展农村留守儿童、困境儿童等工作提供支持和服务。要在场地提供、水电优惠、食宿保障、开通未成年人保护专线电话等方面提供优惠便利条件。要统筹相关社会资源向深度贫困地区倾斜，推动深度贫困地区儿童服务类社会组织发展。

（二）推进政府购买服务。各地要将农村留守儿童关爱保护和困境儿童保障纳入政府购买服务指导性目录，并结合实际需要做好资金保障，重点购买走访核查、热线运行、监护评估、精准帮扶、政策宣传、业务培训、家庭探访督导检查等关爱服务。要加大政府购买心理服务类社会组织力度，有针对性地为精神关怀缺失、遭受家庭创伤等儿童提供人际调适、精神慰藉、心理疏导等专业性关爱服务，促进身心健康。引导承接购买服务的社会组织优先聘请村（居）儿童主任协助开展上述工作，并适当帮助解决交通、通讯等必要费用开支。全国青年志愿服务入库优秀项目可优先纳入政府购买服务有关工作支持范围。

（三）发动社会各方参与。支持社会工作者、法律工作者、心理咨询工作者等专业人员，针对农村留守儿童和困境儿童不同特点，提供心理疏导、亲情关爱、权益维护等服务。动员引导广大社会工作者、志愿者等力量深入贫困地区、深入贫困服务对象提供关爱服务。积极倡导企业履行社会责任，通过一对一帮扶、慈善捐赠、实施公益项目等多种方式，重点加强贫困农村留守儿童和困境儿童及其家庭救助帮扶，引导企业督促员工依法履行对未成年子女的监护责任。

四、强化工作保障

（一）加强组织领导。各地要积极推进农村留守儿童和困境儿童关爱服务体系建设，将其纳入重要议事日程和经济社会发展等规划，纳入脱贫攻坚和全面建设小康社会大局，明确建设目标，层层分解任务，压实工作责任。要调整健全省、市、县农村留守儿童关爱保护和困境儿童保障工作领导协调机制，加强统筹协调，推动解决工作中的重点难点问题。要加大贫困地区农村留守儿童和困境儿童关爱服务体系建设支持力度，帮助深度贫困地区解决特殊困难和薄弱环节，尽快补齐短板，提升服务水平，推动各项工作落到实处。

（二）提供资金支持。各级财政部门要结合实际需要，做好农村留守儿童和困境儿童关爱服务经费保障。要统筹使用困难群众救助补助等资金，实施规范未成年人社会保护支出项目。民政部本级和地方各级政府用于社会福利事业的彩票公益金，要逐步提高儿童关爱服务使用比例。要加大对贫困地区儿童工作的支持力度，各地分配各类有关资金时要充分考虑贫困地区未成年人救助保护机构数量、农村留守儿童和困境儿童等服务对象数量，继续将"贫困发生率"和财政困难程度系数作为重要因素，向贫困地区倾斜并重点支持"三区三州"等深度贫困地区开展儿童关爱服务工作。

（三）密切部门协作。民政部门要充分发挥牵头职能，会同有关部门推进农村留守儿童和困境儿童关爱服务体系建设。公安部门要及时受理有关报告，第一时间出警、求助，依法迅速处警，会同、配合有关方面调查，有针对性地采取应急处置措施，依法追究失职父母或侵害人的法律责任，严厉惩处各类侵害农村留守儿童和困境儿童的犯罪行为，按政策为无户籍儿童办理入户手续。教育部门要强化适龄儿童控辍保学、教育资助、送教上门、心理教育等工作措施，为机构内的困境儿童就近入学提供支持，对有特殊困难的农村留守儿童和困境儿童优先安排在校住宿。司法行政部门要依法为农村留守儿童和困境儿童家庭申请提供法律援助，推动落实"谁执法谁普法"责任制，加强农村留守儿童和困境儿童关爱服务相关法律法规宣传。人力资源社会保障部门要推动落实国务院关于支持农民工返乡创业就业系列政策措施，加强农村劳动力就业创业培训。妇儿工委办公室要督促各级地方人民政府落实儿童发展纲要要求，做好农村留守儿童关爱保护和困境儿童保障工作。共青团组织要会同未成年人救助保护机构开通12355未成年人保护专线，探索"一门受理、协同处置"个案帮扶模式，联动相关部门提供线上线下服务。妇联组织要发挥妇女在社会生活和家庭生活中的独特作用，将倡导家庭文明、强化家庭监护主体责任纳入家庭教育工作内容，引导家长特别是新生代父母依法履责；要充分发挥村（居）妇联组织作用，加强对农村留守儿童和困境儿童的关爱帮扶服务。残联组织要积极维护残疾儿童权益，大力推进残疾儿童康复、教育服务，提高康复、教育保障水平。

（四）严格工作落实。各地民政部门要建立农村留守儿童和困境儿童关爱服务体系建设动态跟踪机制，了解工作进度，总结推广经验，完善奖惩措施。对工作成效明显的，要按照有关规定予以表扬和奖励；对工作不力的，要督促整改落实。要将农村留守儿童和困境儿童关爱服务体系建设纳入年度重点工作考核评估的重要内容强化落实。

附件：1. 未成年人救助保护机构工作职责

2. 儿童督导员工作职责

3. 儿童主任工作职责

民政部 教育部 公安部

司法部 财政部 人力资源社会保障部

国务院妇儿工委办公室 共青团中央

全国妇联 中国残联

2019 年 4 月 30 日

附件 1

未成年人救助保护机构工作职责

未成年人救助保护机构在本级民政部门领导下，组织开展以下工作：

1. 负责对生活无着的流浪乞讨、遭受监护侵害、暂时无人监护等未成年人实施救助，承担临时监护责任。

2. 负责定期分析评估本地区农村留守儿童关爱保护和困境儿童保障工作情况，有针对性地制定工作计划和工作方案。

3. 负责为乡镇人民政府（街道办事处）、村（居）民委员会开展的监护监督等工作提供政策指导和技术支持，为乡镇人民政府（街道办事处）推进农村留守儿童关爱保护和困境儿童保障工作提供政策支持。

4. 负责指导开展农村留守儿童和困境儿童基本信息摸底排查、登记建档和动态更新。

5. 负责协调开通未成年人保护专线，协调推进监护评估、个案会商、服务转介、技术指导、精神关怀等线上线下服务，针对重点个案组织开展部门会商和帮扶救助。

6. 负责组织或指导开展儿童督导员、儿童主任业务培训。

7. 负责支持引进和培育儿童类社会组织、招募志愿者或发动其他社会力量参与农村留守儿童关爱保护和困境儿童保障工作，并为其开展工作提供便利。

8. 负责组织开展农村留守儿童、困境儿童、散居孤儿等未成年人保护政策宣传。

9. 负责对流浪儿童、困境儿童、农村留守儿童等未成年人依法申请、获得法律援助提供支持。

10. 负责协助司法部门打击拐卖儿童、对儿童实施家暴以及胁迫、诱骗或利用儿童乞讨等违法犯罪行为。

附件 2

儿童督导员工作职责

儿童督导员在乡镇人民政府（街道办事处）领导和上级民政部门指导下，组织开展以下工作：

1. 负责推进农村留守儿童关爱保护和困境儿童保障等工作，制定有关工作计划和工作方案。

2. 负责儿童主任管理，做好选拔、指导、培训、跟踪、考核等工作。

3. 负责农村留守儿童、困境儿童、散居孤儿等信息动态更新，建立健全信息台账。

4. 负责指导儿童主任加强对困境儿童、农村留守儿童、散居孤儿的定期走访和重点核查，做好强制报告、转介帮扶等事项。

5. 负责指导村（居）民委员会做好儿童关爱服务场所建设与管理。

6. 负责开展农村留守儿童、困境儿童、散居孤儿等未成年人保护政策宣传。

7. 负责协调引进和培育儿童类社会组织、招募志愿者或发动其他社会力量参与儿童工作。

8. 负责协助做好农村留守儿童、困境儿童、散居孤儿社会救助、精神慰藉等关爱服务工作。

附件 3

儿童主任工作职责

儿童主任在乡镇人民政府（街道办事处）、村（居）民委员会指导下，组织开展以下工作：

1. 负责做好农村留守儿童关爱保护和困境儿童保障日常工作，定期向村（居）民委员会和儿童督导员报告工作情况。

2. 负责组织开展信息排查，及时掌握农村留守儿童、困境儿童和散居孤儿等服务对象的生活保障、家庭监护、就学情况等基本信息，一人一档案，及时将信息报送乡镇人民政府（街道办事处）并定期予以更新。

3. 负责指导监护人和受委托监护人签订委托监护确认书，加强对监护人（受委托监护人）的法治宣传、监护督导和指导，督促其依法履行抚养义务和监护职责。

4. 负责定期随访监护情况较差、失学辍学、无户籍以及患病、残疾等重点儿童，协助提供监护指导、精神关怀、返校复学、落实户籍等关爱服务，对符合社会救助、社会福利政策的儿童及家庭，告知具体内容及申请程序，并协助申请救助。

5. 负责及时向公安机关及其派出机构报告儿童脱离监护单独居住生活或失踪、监护人丧失监护能力或不履行监护责任、疑似遭受家庭暴力或不法侵害等情况，并协助为儿童本人及家庭提供有关支持。

6. 负责管理村（居）民委员会儿童关爱服务场所，支持配合相关部门和社会力量开展关爱服务活动。

2. 关于进一步加强事实无人抚养儿童保障工作的意见

民发〔2019〕62号

各省、自治区、直辖市民政厅（局）、高级人民法院、人民检察院、发展改革委、教育厅（教委）、公安厅（局）、司法厅（局）、财政厅（局）、医保局、团委、妇联、残联，新疆生产建设兵团民政局、新疆维吾尔自治区高级人民法院生产建设兵团分院、新疆生产建设兵团人民检察院、发展改革委、教育局、公安局、司法局、财政局、医保局、团委、妇联、残联：

为深入学习贯彻习近平新时代中国特色社会主义思想，全面贯彻党的十九大和十九届二中、三中全会精神，认真落实习近平总书记关于民政工作的重要指示精神，坚持以人民为中心的发展思想，聚焦脱贫攻坚，聚焦特殊群体，聚焦群众关切，推动落实《国务院关于加强困境儿童保障工作的意见》（国发〔2016〕36号）要求，进一步加强事实无人抚养儿童保障工作，提出如下意见：

一、明确保障对象

事实无人抚养儿童是指父母双方均符合重残、重病、服刑在押、强制隔离戒毒、被执行其他限制人身自由的措施、失联情形之一的儿童；或者父母一方死亡或失踪，另一方符合重残、重病、服刑在押、强制隔离戒毒、被执行其他限制人身自由的措施、失联情形之一的儿童。

以上重残是指一级二级残疾或三级四级精神、智力残疾；重病由各地根据当地大病、地方病等实际情况确定；失联是指失去联系且未履行监护抚养责任6个月以上；服刑在押、强制隔离戒毒或被执行其他限制人身自由的措施是指期限在6个月以上；死亡是指自然死亡或人民法院宣告死亡，失踪是指人民法院宣告失踪。

二、规范认定流程

（一）申请。事实无人抚养儿童监护人或受监护人委托的近亲属填写《事实无人抚养儿童基本生活补贴申请表》（见附件），向儿童户籍所在地乡镇人民政府（街道办事处）提出申请。情况特殊的，可由儿童所在村（居）民委员会提出申请。

（二）查验。乡镇人民政府（街道办事处）受理申请后，应当对事实无人抚养儿童父母重残、重病、服刑在押、强制隔离戒毒、被执行其他限制人身自由的措施、失联以及死亡、失踪等情况进行查验。查验一般采取部门信息比对的方式进行。因档案管理、数据缺失等原因不能通过部门信息比对核实的，可以请事实无人抚养儿童本人或其监护人、亲属协助提供必要补充材料。乡镇人民政府（街道办事处）应当在自收到申请之日起15个工作日内作出查验结论。对符合条件的，连同申报材料一并报县级民政部门。对有异议的，可根据工作需要采取入户调查、邻里访问、信函索证、群众评议等方式再次进行核实。为保护儿童隐私，不宜设置公示环节。

（三）确认。县级民政部门应当在自收到申报材料及查验结论之日起15个工作日内作出确认。符合条件的，从确认的次月起纳入保障范围，同时将有关信息录入"全国儿童福利信息管理系统"。不符合保障条件的，应当书面说明理由。

（四）终止。规定保障情形发生变化的，事实无人抚养儿童监护人或受委托的亲属、村（居）民委员会应当及时告知乡镇人民政府（街道办事处）。乡镇人民政府（街道办事处）、县级民政部门要加强动态管理，对不再符合规定保障情形的，应当及时终止其保障资格。

三、突出保障重点

（一）强化基本生活保障。各地对事实无人抚养儿童发放基本生活补贴，应当根据本地区经济社会发展水平以及儿童关爱保护工作需要，按照与当地孤儿保障标准相衔接的原则确定补贴标准，参照孤儿基本生活费发放办法确定发放方式。中央财政比照孤儿基本生活保障资金测算方法，通过困难群众救助补助经费渠道对生活困难家庭中的和纳入特困人员救助供养范围的事实无人抚养儿童给予适当补助。生活困难家庭是指建档立卡贫困户家庭、城乡最低生活保障家庭。已获得最低生活保障金、特困人员救助供养金或者困难残疾人生活补贴且未达到事实无人抚养儿童基本生活保障补贴标准的进行补差发放，其他事实无人抚养儿童按照补贴标准全额发放。已全额领取事实无人抚养儿童补贴的儿童家庭申请最低生活保障或特困救助供养的，事实无人抚养儿童基本生活补贴不计入家庭收入，在享受低保或特困救助供养待遇之后根据人均救助水平进行重新计算，补差发放。已全额领取事实无人抚养儿童补贴的残疾儿童不享受困难残疾人生活补贴。

（二）加强医疗康复保障。对符合条件的事实无人抚养儿童按规定实施医疗救助，分类落实资助参保政策。重点加大对生活困难家庭的重病、重残儿童救助力度。加强城乡居民基本医疗保险、大病保险、医疗救助有效衔接，实施综合保障，梯次减轻费用负担。符合条件的事实无人抚养儿童可同时享受重度残疾人护理补贴及康复救助等相关政策。

（三）完善教育资助救助。将事实无人抚养儿童参照孤儿纳入教育资助范围，享受相应的政策待遇。优先纳入国家资助政策体系和教育帮扶体系，落实助学金、减免学费政策。对于残疾事实无人抚养儿童，通过特殊教育学校就读、普通学校就读、儿童福利机构特教班就读、送教上门等多种方式，做好教育安置。将义务教育阶段的事实无人抚养儿童列为享受免住宿费的优先对象，对就读高中阶段（含普通高中及中职学校）的事实无人抚养儿童，根据家庭困难情况开展结对帮扶和慈善救助。完善义务教育控辍保学工作机制，依法完成义务教育。事实无人抚养儿童成年后仍在校就读的，按国家有关规定享受相应政策。

（四）督促落实监护责任。人民法院、人民检察院和公安机关等部门应当依法打击故意或者恶意不履行监护职责等各类侵害儿童权益的违法犯罪行为，根据情节轻重依法追究其法律责任。对符合《最高人民法院　最高人民检察院　公安部　民政部关于依法处理监护人侵害未成年人权益行为若干问题的意见》（法发〔2014〕24号）规定情形的，应当依法撤销监护人监护资格。对有能力履行抚养义务而拒不抚养的父母，民政部门可依法追索抚养费，因此起诉到人民法院的，人民法院应当支持。民政部门应当加强送养工作指导，创建信息对接渠道，在充分尊重被送养儿童和送养人意愿的前提下，鼓励支持有收养意愿的国内家庭依法收养。加大流浪儿童救助保护力度，及时帮助儿童寻亲返家，教育、督促其父母及其他监护人履行抚养义务，并将其纳入重点关爱对象，当地未成年人救助保护机构每季度应当至少组织一次回访，防止其再次外出流浪。

（五）优化关爱服务机制。完善法律援助机制，加强对权益受到侵害的事实无人抚养儿童的法律援助工作。维护残疾儿童权益，大力推进残疾事实无人抚养儿童康复、教育服务，提高保障水平和服务能力。充分发挥儿童福利机构、未成年人救助保护机构、康复和特教服务机构等服务平台作用，提供政策咨询、康复、特教、养护和临时照料等关爱服务支持。加强家庭探访，协助提供监护指导、返校复学、落实户籍等关爱服务。加强精神关爱，通过政府购买服务等方式，发挥共青团、妇联等群团组织的社会动员优势，引入专业社会组织和青少年事务社工，提供心理咨询、心理疏导、情感抚慰等专业服务，培养健康心理和健全人格。

四、强化保障措施

（一）加强组织领导。各地要充分认识推进事实无人抚养儿童保障工作的重大意义，将其作为保障和改善民生的重要任务，及时研究解决事实无人抚养儿童保障工作中存在的实际困难和问题。抓紧制定政策措施，切实贯彻与当地孤儿保障标准相衔接的原则要求，加强与相关社会福利、社会救助、社会保险等制度有效衔接，做到应保尽保、不漏一人。落实工作责任，明确职责分工，细化业务流程，健全跟踪调研和督促落实机制，确保事实无人抚养儿童保障工作顺利推进。

（二）加强部门协作。民政部门应当履行主管部门职责，做好资格确认、生活补贴发放、综合协调和监督管理等工作。对认定过程中处境危急的儿童，应当实施临时救助和监护照料。人民法院应当对申请宣告儿童父母失踪、死亡及撤销父母监护权等案件设立绿色通道，及时将法律文书抄送儿童户籍地县级民政部门、乡镇人民政府（街道办事处），实现信息实时共享。人民检察院应当对涉及儿童权益的民事诉讼活动进行监督，必要时可以支持起诉维护合法权益，对有关部门不履行相关职责的应当提出依法履职的检察建议。公安部门应当加大对失联父母的查寻力度，对登记受理超过 6 个月仍下落不明的，通过信息共享、书面函复等途径，向民政部门或相关当事人提供信息查询服务。财政部门应当加强资金保障，支持做好事实无人抚养儿童保障等相关工作。共青团应当充分动员青年社会组织和青少年事务社工，指导少先队组织，依托基层青少年服务阵地，配合提供各类关爱和志愿服务。妇联组织应当发挥村（居）妇联主席和妇联执委作用，提供家庭教育指导、关爱帮扶及权益维护等服务。公安、司法、刑罚执行机关在办案中发现涉案人员子女或者涉案儿童属于或者可能属于事实无人抚养儿童的，应当及时通报其所在地民政部门或乡镇人民政府（街道办事处）。民政、公安、司法、医疗保障、残联等部门和组织应当加强工作衔接和信息共享，为开展查验工作提供支持，切实让数据多跑路、让群众少跑腿。

（三）加强监督管理。健全信用评价和失信行为联合惩戒机制，将存在恶意弃养情形或者采取虚报、隐瞒、伪造等手段骗取保障资金、物资或服务的父母及其他监护人失信行为记入信用记录，纳入全国信用信息共享平台，实施失信联合惩戒。对于监护人有能力支配保障金的，补贴发放至其监护人，并由监护人管理和使用；监护人没有能力支配的，补贴发放至儿童实际抚养人或抚养机构，并明确其对儿童的抚养义务。财政、民政部门要加强资金使用管理，提高财政资金绩效，防止发生挤占、挪用、冒领、套取等违法违规现象，对存在违法违规行为的，要按照相关规定进行处理。

（四）加强政策宣传。充分利用报纸、电台、电视、网络等新闻媒体，大力开展事实无人抚养儿童保障政策宣传，使社会各界广泛了解党和政府的爱民之心、惠民之举，帮助事实无人抚养儿童及其监护人准确知晓保障对象范围、补助标准和申请程序。动员引导社会力量关心、支持事实无人抚养儿童帮扶救助工作，为儿童及其家庭提供多样化、个性化服务，营造良好氛围。

各省、自治区、直辖市可根据本意见精神，在 2019 年 10 月底之前制定完善本地事实无人抚养儿童保障政策，民政部将会同财政部等相关部门督促各地做好贯彻落实工作。

　　附件：事实无人抚养儿童基本生活补贴申请表（略）

民政部　最高人民法院　最高人民检察院

发展改革委　教育部　公安部

司法部　财政部　医疗保障局

共青团中央　全国妇联　中国残联

2019 年 6 月 18 日

3. 关于做好因突发事件影响造成监护缺失未成年人救助保护工作的意见

民发〔2021〕5 号

各省、自治区、直辖市民政厅（局）、发展改革委、教育厅（教委）、公安厅（局）、财政厅（局）、卫生健康委、应急管理厅（局）、团委、妇联、残联，新疆生产建设兵团民政局、发展改革委、教育局、公安局、财政局、卫生健康委、应急管理局、团委、妇联、残联：

党中央、国务院高度重视未成年人权益保护工作，特别关注突发事件应对中未成年人的生命安全和身体健康。习近平总书记深刻指出儿童是祖国的未来和希望，关乎民族延续和事业传承，要重视少年儿童健康成长。在抗击新冠肺炎疫情的斗争中，习近平总书记多次强调要把人民群众的生命安全和身体健康放在首位，加快完善各方面体制机制，着力提高应对重大突发公共卫生事件的能力和水平。《中华人民共和国民法典》（以下简称《民法典》）、《中华人民共和国未成年人保护法》（以下简称《未成年人保护法》）对因突发事件影响导致未成年人的生活处于无人照料或监护缺失状态的情形做了相应规定。为贯彻落实习近平总书记重要指示精神和《民法典》、《未成年人保护法》有关规定，切实做好因突发事件影响造成监护缺失未成年人（以下简称监护缺失未成年人）的救助保护工作，提出如下意见：

一、明确工作对象

1. 本意见所指突发事件是指突然发生，造成或者可能造成严重社会危害，需要采取应急处置措施予以应对的自然灾害、事故灾难、公共卫生事件和社会安全事件。

2. 本意见所指监护缺失未成年人，主要是指父母或者其他监护人因突发事件影响导致下落不明、接受治疗、被隔离医学观察、被行政拘留或者被依法采取限制人身自由的刑事强制措施等情形，或因参与突发事件应对工作暂时不能履行监护职责的未成年人。

二、及时发现报告

3. 父母或者其他监护人因突发事件影响暂时不能履行监护职责且具备主动报告条件的，应当及时主动向未成年人住所地的民政部门报告。父母或者其他监护人因突发事件影响与未成年人失散且具备主动报告条件的，应当第一时间向失散地的公安机关报告。

4. 应急管理部门在突发事件救援过程中，要主动询问被救援对象未成年子女的监护状况，存在未成年子女监护缺失情形的，要及时向未成年人住所地的民政部门通报；存在与未成年子女失散情形的，要及时向失散地的公安机关通报。救援过程中发现未成年人存在监护缺失情形的，要及时向未成年人发现地的公安机关和民政部门通报。

5. 卫生健康部门、医疗卫生机构对在突发事件中需要治疗和集中隔离医学观察的对象，要询问其未成年子女的监护状况，对存在监护缺失情形的，要及时通过未成年人保护热线等方式向未成年人住所地的民政部门通报。

6. 公安机关在处置突发事件过程中，对于决定执行行政拘留的被处罚人或者采取刑事拘留、逮捕等限制人身自由刑事强制措施的犯罪嫌疑人，应当询问其是否有未成年子女存在监护缺失情形，对存在监护缺失情形的，要及时向未成年人住所地的民政部门通报。

7. 村（居）民委员会、学校、幼儿园、托育机构、儿童福利机构和未成年人救助保护机构在工作中发现未成年人存在监护缺失情形的，要及时向未成年人住所地的民政部门通报。

8. 各地要开通未成年人保护热线，扩大热线社会知晓度，充分发挥其对监护缺失未成年人的发现、报告和转介作用。鼓励个人或单位拨打热线电话，主动报告未成年人监护缺失情况。

9. 突发事件发生后，民政部门要指导乡镇人民政府（街道办事处）统筹工作力量，对相关村（社区）未成年人监护情况进行全面摸底，及时核实情况。对报告和摸排的监护缺失未成年人信息，相关部门间建立信息通报制度，相关数据交由民政部门统一汇总，建立台账，开展动态监测。

三、妥善安置和照护

10. 对监护缺失未成年人，由未成年人住所地民政部门依法进行临时监护。

11. 对父母或者其他监护人下落不明的未成年人，公安机关要密切配合民政部门及时核查未成年人身份，全力寻找其父母和其他监护人。对寻亲无着的未成年人，公安机关要采集其 DNA，录入数据库比对，并将结果反馈民政部门。

12. 对父母或者其他监护人下落不明的未成年人，在临时监护阶段，民政部门应当建档留存未成年人的基本信息、主要特征、随身衣服物品等，便于统计和寻亲比对。可制作身份信息卡和相关档案材料，便于未成年人在转移过程中随身携带。

13. 民政部门应当为监护缺失未成年人安排必要的生活照料措施。也可本着有利于未成年人生活的原则，由具备条件的未成年人住所地村（居）民委员会安排必要的生活照料措施。

14. 卫生健康部门应当指导医疗卫生机构做好监护缺失未成年人的救治工作，确保未成年人得到规范治疗。定点医疗卫生机构、临时治疗点或集中医学观察点应当设立专门区域，及时安置需要治疗或医学观察的未成年人，针对未成年人特殊需求配备专门的护理人员。

15. 教育部门和学校应当加强监护缺失适龄未成年人就学保障的指导和服务。

16. 父母或者其他监护人重新具备履行监护职责条件的，应当及时接回未成年人。

对与父母或者其他监护人失散的未成年人，其父母或者其他监护人提出认领的，能够确认监护关系且适龄未成年人能够辨认的，可由父母或者其他监护人领回。因未成年人年幼无法辨认父母或者监护人的，应当由公安机关采集 DNA，经鉴定为亲生父母或者其他血缘关系监护人方可领回未成年人。

父母或者其他监护人治愈出院、结束隔离等恢复监护能力的，应当在提供当地医疗卫生机构出具的出院证明或者相关健康医学证明的前提下，及时将未成年人接回。

四、强化救助帮扶

17. 监护缺失未成年人符合事实无人抚养儿童认定情形的，应当及时将其纳入事实无人抚养儿童保障范围；符合孤儿认定情形的，应当及时纳入孤儿保障范围。符合民政部门长期监护情形的，应当由民政部门长期监护。

18. 对因突发事件影响导致生活陷入困难的未成年人，符合条件的，要及时落实临时救助、最低生活保障等社会救助政策，确保其基本生活得到有效保障。

19. 相关部门在临时安置点设计管理、调拨救援物资等方面应当关注未成年人面临的风险因素，充分考虑未成年人的特殊需求。

五、引导社会力量参与

20. 各地要支持、鼓励和引导专业社会组织、社会工作机构等社会力量依法有序参与监护缺失未成年人的救助帮扶工作。

21. 各地要摸清监护缺失未成年人在救援物资、医疗康复、学业辅导、心理疏导、法律服务等方面的需求，有效对接相应的慈善资源和各类专业社会组织，提高帮扶的针对性和专业水平。

22. 社会力量在参与救助帮扶工作中，要充分考虑未成年人身心特点，充分保护未成年人权益，避免信息不当披露对未成年人造成再次心理伤害。

六、加强工作保障

23. 各地要把监护缺失未成年人救助保护工作纳入突发事件应对工作的总体部署，健全制度，完善方案，细化措施，加强组织保障。

24. 要建立面向监护缺失未成年人的强制报告、应急处置、评估帮扶、监护干预等在内的救助保护机制。未成年人救助保护机构要积极主动参与监护缺失未成年人的线索响应、临时照护、服务转介、个案跟踪、资源链接等服务。

25. 要强化落实地方主体责任，按现有突发事件应对工作资金渠道，妥善安排监护缺失未成年人救助保护工作开支。各级民政部门可按规定统筹使用困难群众救助资金、用于社会福利事业的彩票公益金等各类资金，多方筹措其他社会资金，加强监护缺失未成年人救助保护工作。

26. 儿童福利机构和未成年人救助保护机构、残疾儿童康复机构等未成年人关爱服务设施如需恢复重建，当地应根据工作实际将其纳入重建规划。

27. 要加强部门协作和配合，充分发挥妇联、残联和共青团等群团组织工作优势，为有需求的监护缺失未成年人提供关爱和帮扶，形成救助保护的合力。

28. 各地要加大跟踪检查力度，对因工作不到位发生极端问题的，要依法依规严肃追究相关责任。

因父母或者其他监护人自身客观原因导致监护缺失的未成年人救助保护工作，可参照本意见执行。

民政部 发展改革委 教育部
公安部 财政部 国家卫生健康委 应急管理部
共青团中央 全国妇联 中国残联
2021 年 1 月 13 日

4. 中华人民共和国未成年人保护法（节选）

（1991 年 9 月 4 日第七届全国人民代表大会常务委员会第二十一次会议通过　2006 年 12 月 29 日第十届全国人民代表大会常务委员会第二十五次会议第一次修订　根据 2012 年 10 月 26 日第十一届全国人民代表大会常务委员会第二十九次会议《关于修改〈中华人民共和国未成年人保护法〉的决定》第一次修正　2020 年 10 月 17 日第十三届全国人民代表大会常务委员会第二十二次会议第二次修订　根据 2024 年 4 月 26 日第十四届全国人民代表大会常务委员会第九次会议《全国人民代表大会常务委员会关于修改〈中华人民共和国农业技术推广法〉、〈中华人民共和国未成年人保护法〉、〈中华人民共和国生物安全法〉的决定》第二次修正）

第一章　总　则

第一条　为了保护未成年人身心健康，保障未成年人合法权益，促进未成年人德智体美劳全面发展，培养有理想、有道德、有文化、有纪律的社会主义建设者和接班人，培养担当民族复兴大任的时代新人，根据宪法，制定本法。

第二条　本法所称未成年人是指未满十八周岁的公民。

第三条　国家保障未成年人的生存权、发展权、受保护权、参与权等权利。

未成年人依法平等地享有各项权利，不因本人及其父母或者其他监护人的民族、种族、性别、户籍、职业、宗教信仰、教育程度、家庭状况、身心健康状况等受到歧视。

第四条　保护未成年人，应当坚持最有利于未成年人的原则。处理涉及未成年人事项，应当符合下列要求：

（一）给予未成年人特殊、优先保护；

（二）尊重未成年人人格尊严；

（三）保护未成年人隐私权和个人信息；

（四）适应未成年人身心健康发展的规律和特点；

（五）听取未成年人的意见；

（六）保护与教育相结合。

第五条　国家、社会、学校和家庭应当对未成年人进行理想教育、道德教育、科学教育、文化教育、法治教育、国家安全教育、健康教育、劳动教育，加强爱国主义、集体主义和中国特色社会主义的教育，培养爱祖国、爱人民、爱劳动、爱科学、爱社会主义的公德，抵制资本主义、封建主义和其他腐朽思想的侵蚀，引导未成年人树立和践行社会主义核心价值观。

第六条　保护未成年人，是国家机关、武装力量、政党、人民团体、企业事业单位、社会组织、城乡基层群众性自治组织、未成年人的监护人以及其他成年人的共同责任。

国家、社会、学校和家庭应当教育和帮助未成年人维护自身合法权益，增强自我保护的意识和能力。

第七条　未成年人的父母或者其他监护人依法对未成年人承担监护职责。

国家采取措施指导、支持、帮助和监督未成年人的父母或者其他监护人履行监护职责。

第八条　县级以上人民政府应当将未成年人保护工作纳入国民经济和社会发展规划，相关经费纳入本级政府预算。

第九条　各级人民政府应当重视和加强未成年人保护工作。县级以上人民政府负责妇女儿童工作的机构，负责未成年人保护工作的组织、协调、指导、督促，有关部门在各自职责范围内做好相关工作。

第十条　共产主义青年团、妇女联合会、工会、残疾人联合会、关心下一代工作委员会、青年联合会、学生联合会、少年先锋队以及其他人民团体、有关社会组织，应当协助各级人民政府及其有关部门、人民检察院、人民法院做好未成年人保护工作，维护未成年人合法权益。

第十一条　任何组织或者个人发现不利于未成年人身心健康或者侵犯未成年人合法权益的情形，都有权劝阻、制止或者向公安、民政、教育等有关部门提出检举、控告。

国家机关、居民委员会、村民委员会、密切接触未成年人的单位及其工作人员，在工作中发现未成年人身心健康受到侵害、疑似受到侵害或者面临其他危险情形的，应当立即向公安、民政、教育等有关部门报告。

有关部门接到涉及未成年人的检举、控告或者报告，应当依法及时受理、处置，并以适当方式将处理结果告知相关单位和人员。

第十二条　国家鼓励和支持未成年人保护方面的科学研究，建设相关学科、设置相关专业，加强人才培养。

第十三条　国家建立健全未成年人统计调查制度，开展未成年人健康、受教育等状况的统计、调查和分析，发布未成年人保护的有关信息。

第十四条 国家对保护未成年人有显著成绩的组织和个人给予表彰和奖励。

第六章 政府保护

第八十一条 县级以上人民政府承担未成年人保护协调机制具体工作的职能部门应当明确相关内设机构或者专门人员，负责承担未成年人保护工作。

乡镇人民政府和街道办事处应当设立未成年人保护工作站或者指定专门人员，及时办理未成年人相关事务；支持、指导居民委员会、村民委员会设立专人专岗，做好未成年人保护工作。

第八十二条 各级人民政府应当将家庭教育指导服务纳入城乡公共服务体系，开展家庭教育知识宣传，鼓励和支持有关人民团体、企业事业单位、社会组织开展家庭教育指导服务。

第八十三条 各级人民政府应当保障未成年人受教育的权利，并采取措施保障留守未成年人、困境未成年人、残疾未成年人接受义务教育。

对尚未完成义务教育的辍学未成年学生，教育行政部门应当责令父母或者其他监护人将其送入学校接受义务教育。

第八十四条 各级人民政府应当发展托育、学前教育事业，办好婴幼儿照护服务机构、幼儿园，支持社会力量依法兴办母婴室、婴幼儿照护服务机构、幼儿园。

县级以上地方人民政府及其有关部门应当培养和培训婴幼儿照护服务机构、幼儿园的保教人员，提高其职业道德素质和业务能力。

第八十五条 各级人民政府应当发展职业教育，保障未成年人接受职业教育或者职业技能培训，鼓励和支持人民团体、企业事业单位、社会组织为未成年人提供职业技能培训服务。

第八十六条 各级人民政府应当保障具有接受普通教育能力、能适应校园生活的残疾未成年人就近在普通学校、幼儿园接受教育；保障不具有接受普通教育能力的残疾未成年人在特殊教育学校、幼儿园接受学前教育、义务教育和职业教育。

各级人民政府应当保障特殊教育学校、幼儿园的办学、办园条件，鼓励和支持社会力量举办特殊教育学校、幼儿园。

第八十七条 地方人民政府及其有关部门应当保障校园安全，监督、指导学校、幼儿园等单位落实校园安全责任，建立突发事件的报告、处置和协调机制。

第八十八条 公安机关和其他有关部门应当依法维护校园周边的治安和交通秩序，设置监控设备和交通安全设施，预防和制止侵害未成年人的违法犯罪行为。

第八十九条 地方人民政府应当建立和改善适合未成年人的活动场所和设施，支持公益性未成年人活动场所和设施的建设和运行，鼓励社会力量兴办适合未成年人的活动场所和设施，并加强管理。

地方人民政府应当采取措施，鼓励和支持学校在国家法定节假日、休息日及寒暑假期将文化体育设施对未成年人免费或者优惠开放。

地方人民政府应当采取措施，防止任何组织或者个人侵占、破坏学校、幼儿园、婴幼儿照护服务机构等未成年人活动场所的场地、房屋和设施。

第九十条　各级人民政府及其有关部门应当对未成年人进行卫生保健和营养指导，提供卫生保健服务。

卫生健康部门应当依法对未成年人的疫苗预防接种进行规范，防治未成年人常见病、多发病，加强传染病防治和监督管理，做好伤害预防和干预，指导和监督学校、幼儿园、婴幼儿照护服务机构开展卫生保健工作。

教育行政部门应当加强未成年人的心理健康教育，建立未成年人心理问题的早期发现和及时干预机制。卫生健康部门应当做好未成年人心理治疗、心理危机干预以及精神障碍早期识别和诊断治疗等工作。

第九十一条　各级人民政府及其有关部门对困境未成年人实施分类保障，采取措施满足其生活、教育、安全、医疗康复、住房等方面的基本需要。

第九十二条　具有下列情形之一的，民政部门应当依法对未成年人进行临时监护：

（一）未成年人流浪乞讨或者身份不明，暂时查找不到父母或者其他监护人；

（二）监护人下落不明且无其他人可以担任监护人；

（三）监护人因自身客观原因或者因发生自然灾害、事故灾难、公共卫生事件等突发事件不能履行监护职责，导致未成年人监护缺失；

（四）监护人拒绝或者怠于履行监护职责，导致未成年人处于无人照料的状态；

（五）监护人教唆、利用未成年人实施违法犯罪行为，未成年人需要被带离安置；

（六）未成年人遭受监护人严重伤害或者面临人身安全威胁，需要被紧急安置；

（七）法律规定的其他情形。

第九十三条　对临时监护的未成年人，民政部门可以采取委托亲属抚养、家庭寄养等方式进行安置，也可以交由未成年人救助保护机构或者儿童福利机构进行收留、抚养。

临时监护期间，经民政部门评估，监护人重新具备履行监护职责条件的，民政部门可以将未成年人送回监护人抚养。

第九十四条　具有下列情形之一的，民政部门应当依法对未成年人进行长期监护：

（一）查找不到未成年人的父母或者其他监护人；

（二）监护人死亡或者被宣告死亡且无其他人可以担任监护人；

（三）监护人丧失监护能力且无其他人可以担任监护人；

（四）人民法院判决撤销监护人资格并指定由民政部门担任监护人；

（五）法律规定的其他情形。

第九十五条　民政部门进行收养评估后，可以依法将其长期监护的未成年人交由符合条件的申请人收养。收养关系成立后，民政部门与未成年人的监护关系终止。

第九十六条　民政部门承担临时监护或者长期监护职责的，财政、教育、卫生健康、公安等部门应当根据各自职责予以配合。

县级以上人民政府及其民政部门应当根据需要设立未成年人救助保护机构、儿童福利机构，负责收留、抚养由民政部门监护的未成年人。

第九十七条　县级以上人民政府应当开通全国统一的未成年人保护热线，及时受理、转介侵犯未成年人合法权益的投诉、举报；鼓励和支持人民团体、企业事业单位、社会组织参与建设未成年人保护服务平台、服务热线、服务站点，提供未成年人保护方面的咨询、帮助。

第九十八条　国家建立性侵害、虐待、拐卖、暴力伤害等违法犯罪人员信息查询系统，向密切接触未成年人的单位提供免费查询服务。

第九十九条　地方人民政府应当培育、引导和规范有关社会组织、社会工作者参与未成年人保护工作，开展家庭教育指导服务，为未成年人的心理辅导、康复救助、监护及收养评估等提供专业服务。

中华人民共和国主席令

（第三十七号）

《中华人民共和国反家庭暴力法》已由中华人民共和国第十二届全国人民代表大会常务委员会第十八次会议于 2015 年 12 月 27 日通过，现予公布，自 2016 年 3 月 1 日起施行。

中华人民共和国主席　习近平

2015 年 12 月 27 日

5. 中华人民共和国反家庭暴力法（节选）

（2015 年 12 月 27 日第十二届全国人民代表大会常务委员会第十八次会议通过）

第四条　县级以上人民政府负责妇女儿童工作的机构，负责组织、协调、指导、督促有关部门做好反家庭暴力工作。

县级以上人民政府有关部门、司法机关、人民团体、社会组织、居民委员会、村民委员会、企业事业单位，应当依照本法和有关法律规定，做好反家庭暴力工作。

各级人民政府应当对反家庭暴力工作给予必要的经费保障。

第七条　县级以上人民政府有关部门、司法机关、妇女联合会应当将预防和制止家庭暴力纳入业务培训和统计工作。

医疗机构应当做好家庭暴力受害人的诊疗记录。

第八条　乡镇人民政府、街道办事处应当组织开展家庭暴力预防工作，居民委员会、村民委员会、社会工作服务机构应当予以配合协助。

第九条　各级人民政府应当支持社会工作服务机构等社会组织开展心理健康咨询、家庭关系指导、家庭暴力预防知识教育等服务。

第十三条　家庭暴力受害人及其法定代理人、近亲属可以向加害人或者受害人所在单位、居民委员会、村民委员会、妇女联合会等单位投诉、反映或者求助。有关单位接到家庭暴力投诉、反映或者求助后，应当给予帮助、处理。

家庭暴力受害人及其法定代理人、近亲属也可以向公安机关报案或者依法向人民法院起诉。

单位、个人发现正在发生的家庭暴力行为，有权及时劝阻。

第十四条　学校、幼儿园、医疗机构、居民委员会、村民委员会、社会工作服务机构、救助管理机构、福利机构及其工作人员在工作中发现无民事行为能力人、限制民事行为能力人遭受或者疑似遭受家庭暴力的，应当及时向公安机关报案。公安机关应当对报案人的信息予以保密。

第十五条　公安机关接到家庭暴力报案后应当及时出警，制止家庭暴力，按照有关规定调查取证，协助受害人就医、鉴定伤情。

无民事行为能力人、限制民事行为能力人因家庭暴力身体受到严重伤害、面临人身安全威胁或者处于无人照料等危险状态的，公安机关应当通知并协助民政部门将其安置到临时庇护场所、救助管理机构或者福利机构。

第十八条　县级或者设区的市级人民政府可以单独或者依托救助管理机构设立临时庇护场所，为家庭暴力受害人提供临时生活帮助。

第二十二条　工会、共产主义青年团、妇女联合会、残疾人联合会、居民委员会、村民委员会等应当对实施家庭暴力的加害人进行法治教育，必要时可以对加害人、受害人进行心理辅导。

第二十三条　当事人因遭受家庭暴力或者面临家庭暴力的现实危险，向人民法院申请人身安全保护令的，人民法院应当受理。

当事人是无民事行为能力人、限制民事行为能力人，或者因受到强制、威吓等原因无法申请人身安全保护令的，其近亲属、公安机关、妇女联合会、居民委员会、村民委员会、救助管理机构可以代为申请。

第三十二条　人民法院作出人身安全保护令后，应当送达申请人、被申请人、公安机关以及居民委员会、村民委员会等有关组织。人身安全保护令由人民法院执行，公安机关以及居民委员会、村民委员会等应当协助执行。

第三十五条　学校、幼儿园、医疗机构、居民委员会、村民委员会、社会工作服务机构、救助管理机构、福利机构及其工作人员未依照本法第十四条规定向公安机关报案，造成严重后果的，由上级主管部门或者本单位对直接负责的主管人员和其他直接责任人员依法给予处分。

第三十六条　负有反家庭暴力职责的国家工作人员玩忽职守、滥用职权、徇私舞弊的，依法给予处分；构成犯罪的，依法追究刑事责任。

6. 关于建立侵害未成年人案件强制报告制度的意见（试行）

高检发〔2020〕9号

第一条　为切实加强对未成年人的全面综合司法保护，及时有效惩治侵害未成年人违法犯罪，根据《中华人民共和国刑事诉讼法》《中华人民共和国未成年人保护法》《中华人民共和国反家庭暴力法》《中华人民共和国执业医师法》及相关法律法规，结合未成年人保护工作实际，制定本意见。

第二条　侵害未成年人案件强制报告，是指国家机关、法律法规授权行使公权力的各类组织及法律规定的公职人员，密切接触未成年人行业的各类组织及其从业人员，在工作中发现未成年人遭受或者疑似遭受不法侵害以及面临不法侵害危险的，应当立即向公安机关报案或举报。

第三条　本意见所称密切接触未成年人行业的各类组织，是指依法对未成年人负有教育、看护、医疗、救助、监护等特殊职责，或者虽不负有特殊职责但具有密切接触未成年人条件的企事业单位、基层群众自治组织、社会组织。主要包括：居（村）民委员会；中小学校、幼儿园、校外培训机构、未成年人校外活动场所等教育机构及校车服务提供者；托儿所等托育服务机构；医院、妇幼保健院、急救中心、诊所等医疗机构；儿童福利机构、救助管理机构、未成年人救助保护机构、社会工作服务机构；旅店、宾馆等。

第四条　本意见所称在工作中发现未成年人遭受或者疑似遭受不法侵害以及面临不法侵害危险的情况包括：

（一）未成年人的生殖器官或隐私部位遭受或疑似遭受非正常损伤的；

（二）不满十四周岁的女性未成年人遭受或疑似遭受性侵害、怀孕、流产的；

（三）十四周岁以上女性未成年人遭受或疑似遭受性侵害所致怀孕、流产的；

（四）未成年人身体存在多处损伤、严重营养不良、意识不清，存在或疑似存在受到家庭暴力、欺凌、虐待、殴打或者被人麻醉等情形的；

（五）未成年人因自杀、自残、工伤、中毒、被人麻醉、殴打等非正常原因导致伤残、死亡情形的；

（六）未成年人被遗弃或长期处于无人照料状态的；

（七）发现未成年人来源不明、失踪或者被拐卖、收买的；

（八）发现未成年人被组织乞讨的；

（九）其他严重侵害未成年人身心健康的情形或未成年人正在面临不法侵害危险的。

第五条 根据本意见规定情形向公安机关报案或举报的，应按照主管行政机关要求报告备案。

第六条 具备先期核实条件的相关单位、机构、组织及人员，可以对未成年人疑似遭受不法侵害的情况进行初步核实，并在报案或举报时将相关材料一并提交公安机关。

第七条 医疗机构及其从业人员在收治遭受或疑似遭受人身、精神损害的未成年人时，应当保持高度警惕，按规定书写、记录和保存相关病历资料。

第八条 公安机关接到疑似侵害未成年人权益的报案或举报后，应当立即接受，问明案件初步情况，并制作笔录。根据案件的具体情况，涉嫌违反治安管理的，依法受案审查；涉嫌犯罪的，依法立案侦查。对不属于自己管辖的，及时移送有管辖权的公安机关。

第九条 公安机关侦查未成年人被侵害案件，应当依照法定程序，及时、全面收集固定证据。对于严重侵害未成年人的暴力犯罪案件、社会高度关注的重大、敏感案件，公安机关、人民检察院应当加强办案中的协商、沟通与配合。

公安机关、人民检察院依法向报案人员或者单位调取指控犯罪所需要的处理记录、监控资料、证人证言等证据时，相关单位及其工作人员应当积极予以协助配合，并按照有关规定全面提供。

第十条 公安机关应当在受案或者立案后三日内向报案单位反馈案件进展，并在移送审查起诉前告知报案单位。

第十一条 人民检察院应当切实加强对侵害未成年人案件的立案监督。认为公安机关应当立案而不立案的，应当要求公安机关说明不立案的理由。认为不立案理由不能成立的，应当通知公安机关立案，公安机关接到通知后应当立即立案。

第十二条 公安机关、人民检察院发现未成年人需要保护救助的，应当委托或者联合民政部门或共青团、妇联等群团组织，对未成年人及其家庭实施必要的经济救助、医疗救治、心理干预、调查评估等保护措施。未成年被害人生活特别困难的，司法机关应当及时启动司法救助。

公安机关、人民检察院发现未成年人父母或者其他监护人不依法履行监护职责，或者侵害未成年人合法权益的，应当予以训诫或者责令其接受家庭教育指导。经教育仍不改正，情节严重的，应当依法依规予以惩处。

公安机关、妇联、居民委员会、村民委员会、救助管理机构、未成年人救助保护机构发现未成年人遭受家庭暴力或面临家庭暴力的现实危险，可以依法向人民法院代为申请人身安全保护令。

第十三条 公安机关、人民检察院和司法行政机关及教育、民政、卫生健康等主管行政机关应当对报案人的信息予以保密。违法窃取、泄露报告事项、报告受理情况以及报告人信息的，依法依规予以严惩。

第十四条 相关单位、组织及其工作人员应当注意保护未成年人隐私，对于涉案未成年人身份、案情等信息资料予以严格保密，严禁通过互联网或者以其他方式进行传播。私自传播的，依法给予治安处罚或追究其刑事责任。

第十五条 依法保障相关单位及其工作人员履行强制报告责任，对根据规定报告侵害未成年人案件而引发的纠纷，报告人不予承担相应法律责任；对于干扰、阻碍报告的组织或个人，依法追究法律责任。

第十六条 负有报告义务的单位及其工作人员未履行报告职责，造成严重后果的，由其主管行政机关或者本单位依法对直接负责的主管人员或者其他直接责任人员给予相应处分；构成犯罪的，依法追究刑事责任。相关单位或者单位主管人员阻止工作人员报告的，予以从重处罚。

第十七条 对于行使公权力的公职人员长期不重视强制报告工作，不按规定落实强制报告制度要求的，根据其情节、后果等情况，监察委员会应当依法对相关单位和失职失责人员进行问责，对涉嫌职务违法犯罪的依法调查处理。

第十八条 人民检察院依法对本意见的执行情况进行法律监督。对于工作中发现相关单位对本意见执行、监管不力的，可以通过发出检察建议书等方式进行监督纠正。

第十九条 对于因及时报案使遭受侵害未成年人得到妥善保护、犯罪分子受到依法惩处的，公安机关、人民检察院、民政部门应及时向其主管部门反馈相关情况，单独或联合给予相关机构、人员奖励、表彰。

第二十条 强制报告责任单位的主管部门应当在本部门职能范围内指导、督促责任单位严格落实本意见，并通过年度报告、不定期巡查等方式，对本意见执行情况进行检查。注重加强指导和培训，切实提高相关单位和人员的未成年人保护意识和能力水平。

第二十一条 各级监察委员会、人民检察院、公安机关、司法行政机关、教育、民政、卫生健康部门和妇联、共青团组织应当加强沟通交流，定期通报工作情况，及时研究实践中出现的新情况、新问题。

各部门建立联席会议制度，明确强制报告工作联系人，畅通联系渠道，加强工作衔接和信息共享。人民检察院负责联席会议制度日常工作安排。

第二十二条　相关单位应加强对侵害未成年人案件强制报告的政策和法治宣传，强化全社会保护未成年人、与侵害未成年人违法犯罪行为作斗争的意识，争取理解与支持，营造良好社会氛围。

第二十三条　本意见自印发之日起试行。

7. 关于印发《农村留守儿童和困境儿童关爱服务质量提升三年行动方案》的通知

民发〔2023〕62号

各省、自治区、直辖市民政厅（局）、网信办、高级人民法院、人民检察院、教育厅（教委）、公安厅（局）、司法厅（局）、财政厅（局）、人力资源社会保障厅（局）、卫生健康委、应急管理厅（局）、妇儿工委办公室、团委、妇联、残联，新疆生产建设兵团民政局、网信办、新疆维吾尔自治区高级人民法院生产建设兵团分院、新疆生产建设兵团人民检察院、教育局、公安局、司法局、财政局、人力资源社会保障局、卫生健康委、应急管理局、妇儿工委办公室、团委、妇联、残联：

为深入学习贯彻习近平总书记关于儿童工作重要指示批示精神，贯彻落实党中央、国务院关于儿童工作重要决策部署，进一步提高农村留守儿童和困境儿童关爱服务质量，决定开展农村留守儿童和困境儿童关爱服务质量提升三年行动。现将《农村留守儿童和困境儿童关爱服务质量提升三年行动方案》印发给你们，请认真组织实施。

民政部　中央网信办　最高人民法院
最高人民检察院　教育部　公安部
司法部　财政部　人力资源社会保障部
国家卫生健康委　应急管理部　国务院妇儿工委办公室
共青团中央　全国妇联　中国残联
2023年11月15日

农村留守儿童和困境儿童关爱服务质量提升三年行动方案

为进一步提高农村留守儿童和困境儿童关爱服务质量，健全农村留守儿童关爱服务体系，完善困境儿童保障制度，不断增进农村留守儿童和困境儿童福祉，制定本方案。

一、总体要求

（一）指导思想。

以习近平新时代中国特色社会主义思想为指导，深入学习贯彻习近平总书记关于儿童工作重要指示批示精神，认真落实党中央、国务院有关决策部署，坚持以人民为中心的发展思想，坚持问题导向和目标导向相结合，顺应新时代儿童身心发展特征，不断完善关爱服务措施，全面提升关爱服务质量，筑牢基层基础，促进农村留守儿童和困境儿童全面发展。

（二）工作目标。

到 2026 年，农村留守儿童和困境儿童精神素养明显提升，监护体系更加健全，安全防护水平显著加强，以儿童需求为导向的农村留守儿童和困境儿童关爱服务工作更加精准高效，支持保障力度进一步加大，基层基础更加坚实，服务信息化、智能化水平进一步提升，全社会关心关爱农村留守儿童和困境儿童的氛围更加浓厚，关爱服务高质量发展态势持续巩固，农村留守儿童和困境儿童生存权、发展权、受保护权、参与权等权利得到更加充分、更加有效的保障。

二、重点任务

（一）实施精神素养提升行动。

1. 加强思想道德建设。各地要根据农村留守儿童和困境儿童不同年龄段的认知水平和特点，采取喜闻乐见、生动活泼的方式，分类提供有针对性的思想道德教育，全面落实立德树人根本任务，引导农村留守儿童和困境儿童树立正确的世界观、人生观、价值观，提高思想道德素质，坚定理想信念，践行社会主义核心价值观。学校要将农村留守儿童和困境儿童作为重点关爱对象，培养其良好道德品质和文明行为。各地团委、妇联要依托革命博物馆、纪念馆、党史馆、儿童校外教育阵地等平台，组织农村留守儿童和困境儿童开展实地参观、红色观影、主题征文等形式多样的红色主题教育，引导其从中汲取信仰力量，筑牢理想信念之基。各地人民法院、人民检察院、司法行政部门要将农村留守儿童和困境儿童列入普法重点群体，加强法治教育，切实提高农村留守儿童和困境儿童法治意识。（最高人民法院、最高人民检察院、教育部、司法部、共青团中央、全国妇联按照职责分工负责）

2. 加强心理健康教育。学校在日常教学中要融入心理健康知识，将农村留守儿童和困境儿童作为关注重点，对有需要的儿童开展心理辅导。各地民政部门要指导儿童督导员、儿童主任在走访中及时掌握农村留守儿童和困境儿童心理关爱服务需求，对于发现有心理、行为异常的农村留守儿童和困境儿童，指导、协助其父母或其他监护人采取干预措施。相关部门可以动员其亲属、邻居以及社会组织和志愿者等开展一对一帮扶，有条件的地方可链接社会工作者等开展心理辅导，符合条件的可纳入精神障碍社区康复服务范围。医疗卫生机构的心理治疗师、精神科医师等对于就诊的农村留

守儿童和困境儿童，应当提供规范诊疗服务。（教育部、民政部、国家卫生健康委、共青团中央按照职责分工负责）

3. 丰富精神文化生活。各地民政部门要动员引导社会组织和志愿者等，有针对性地为农村留守儿童和困境儿童提供阅读指导、运动游戏、精神陪伴等服务，丰富其精神文化生活。各地团委、妇联要依托"童心港湾"、"阳光驿站"等，组织开展丰富多彩的实践活动。学校组织开展劳动体验、环境保护等各类社团活动、兴趣小组、课外活动实践时，积极动员农村留守儿童和困境儿童参与，不断充实农村留守儿童和困境儿童精神文化生活。（教育部、民政部、共青团中央、全国妇联按照职责分工负责）

（二）实施监护提质行动。

4. 强化监护职责落实。村（居）民委员会加强对家庭监护的督促指导，教育引导父母依法履行对未成年子女的监护职责和抚养义务，发现农村留守儿童和困境儿童的父母或其他监护人不依法履行监护职责或侵犯儿童合法权益时，要予以劝诫、制止；情节严重的，应当及时向公安机关报告，公安机关应当予以训诫，并可责令其接受家庭教育指导。各地司法行政等部门要通过政策宣讲等加强对儿童父母或其他监护人的法治宣传。各地妇联要加强对农村留守儿童和困境儿童父母或其他监护人的家庭教育指导，引导其积极关注儿童身心健康状况，加强亲情关爱。（公安部、司法部、全国妇联按照职责分工负责）

5. 完善委托照护制度。村（居）民委员会协助监督农村留守儿童委托照护情况，儿童主任入户走访发现被委托照护人缺乏照护能力或怠于履行照护职责的，要告知儿童父母或其他监护人，重新选择被委托照护人或帮助、督促被委托照护人履行照护职责。各地民政部门应当指导外出务工父母或其他监护人加强对留守子女亲情关爱和日常联络沟通。（民政部负责）

6. 加强监护干预工作。各地要加大强制报告制度宣传力度，相关部门、村（居）民委员会、密切接触未成年人的单位及其工作人员，在工作中发现儿童身心健康受到侵害、疑似受到侵害或面临其他危险情形的，应当立即向公安、民政、教育等有关部门报告。各相关部门接到涉及儿童的检举、控告或报告，应当依法及时受理、处置，并以适当方式将处理结果告知相关单位和人员。对于符合临时监护条件的农村留守儿童和困境儿童，民政部门可以采取委托亲属抚养、家庭寄养等方式进行安置，也可以交由未成年人救助保护机构或儿童福利机构收留、抚养。儿童的父母或其他监护人不依法履行监护职责或严重侵犯被监护儿童合法权益的，人民法院可以根据有关人员或单位的申请，依法作出人身安全保护令或撤销监护人资格；必要时，可以责令儿童的父母或其他监护人接受家庭教育指导。儿童合法权益受到侵犯，相关单位和个人未代为提起诉讼的，人民检察院可以督促、支持其提起诉讼；涉及公共利益的，人民检察院有权提起公益诉讼。人民法院、人民检察院发现有关单位存在管理漏洞或履行职责不力的，应当及时发出司法建议或检察建议。（最高人民法院、最高人民检察院、教育部、公安部、民政部按照职责分工负责）

7. 强化政府兜底监护。各地民政部门要持续推进儿童福利机构优化提质和创新转型高质量发展，省级和地市级民政部门设立的儿童福利机构全面优化提质，实现儿童养育、医疗、康复、教育、社会工作一体化发展，加强孤儿成年后安置工作；县级民政部门设立的儿童福利机构原则上全部完成创新转型。各地民政部门要加强未成年人救助保护机构建设，盘活各类民政服务机构人员、场所和设施设备等资源，优先用于未成年人救助保护机构建设，提高未成年人救助保护机构规范化建设水平。未成年人救助保护机构要为儿童提供养育、教育、基本医疗、心理辅导等支持和服务，配备适应儿童服务需求的设施设备和人员，提高居住环境舒适和安全保障水平，完善教育娱乐功能，提高工作人员专业化能力，提高服务质量。（民政部负责）

（三）实施精准帮扶行动。

8. 开展摸底走访建档。县级民政部门要组织儿童督导员、儿童主任严格按照国务院关于加强农村留守儿童关爱保护、加强困境儿童保障工作的文件规定，对辖区内农村留守儿童和困境儿童全面摸底排查，落实数据动态更新机制，及时录入和更新全国儿童福利信息系统；建立定期走访制度，儿童主任至少每个月联系一次，每三个月入户走访一次，对父母双方或一方存在严重身体或智力残疾、儿童自身存在身体或智力残疾、有心理或行为异常的，儿童主任要加大走访频次，发现问题及时报告，积极协调解决问题。加强农村留守儿童和困境儿童档案管理，做到一人一档，档案包括儿童基本信息、走访记录、工作日志、关爱帮扶记录、发现问题和解决方案等内容。有条件的地方可推进农村留守儿童和困境儿童档案电子化。县级民政部门要加强对档案管理的监督检查，每年开展一次抽查工作。（民政部负责）

9. 强化救助保障服务。各地民政部门要进一步加强困境儿童分类精准保障，及时将符合条件的儿童纳入低保、特困供养、临时救助等保障范围。要进一步加强政府救助与慈善帮扶有效衔接，引导鼓励公益慈善力量参与社会救助。各地要完善孤儿基本生活、医疗康复、教育就业和住房等保障制度，加强事实无人抚养儿童基本生活、教育就学、医疗康复等方面精准保障工作，做到应保尽保。健全儿童致残性疾病筛查、诊断、治疗与康复救助衔接机制，规范工作流程，实现早筛查、早诊断、早干预、早康复的一体化管理。为符合条件的残疾儿童提供手术、康复辅助器具配置、康复训练等救助服务。（民政部、国家卫生健康委、共青团中央、中国残联按照职责分工负责）

10. 提升教育帮扶能力。各地要落实义务教育阶段控辍保学长效机制，建立健全教育、公安、民政等部门信息共享制度，落实教育资助政策，加大农村留守儿童和困境儿童辍学学生劝返复学工作力度，确保全部应返尽返。学校要根据复学学生实际情况有针对性地制定教学计划，做好教育安置工作，坚决防止辍学反弹；推动建立学校教师、志愿者等与学业困难儿童"一对一"结对帮扶机制，帮助农村留守儿童和困境儿童增强学习兴趣，提高学习能力。（教育部、公安部、民政部按照职责分工负责）

11. 开展生活关爱服务。各地要结合重要节假日和寒暑假等时间节点，组织多种形式的儿童关爱服务活动，让农村留守儿童和困境儿童切身感受到党和政府的关心关怀，条件具备的地方要常态化开展生活关爱服务工作。各地民政部门要引导农村留守妇女积极参与农村留守儿童和困境儿童的关爱服务工作。各地团委要持续深化"情暖童心"共青团关爱农村留守儿童行动，大力实施"童心港湾"、红领巾学堂项目，精准提供亲情陪伴、情感关怀等关爱服务，发动青年志愿者开展儿童生活关爱服务。各地妇联要组织引导妇联执委、巾帼志愿者等，深化开展"爱心妈妈"关爱服务活动，根据儿童需求提供生活帮助、精神抚慰等，当好儿童成长的引路人守护人筑梦人，打造儿童关爱服务工作品牌。（民政部、共青团中央、全国妇联按照职责分工负责）

12. 开展源头帮扶服务。各地要大力推动落实支持农民工创业就业系列政策，积极为农村留守儿童父母或其他监护人提供就业岗位和机会。各地要推动公共就业服务向乡村延伸，就业创业政策咨询、就业失业登记、职业介绍等服务覆盖到农村留守儿童父母或其他监护人。加强农村留守儿童父母或其他监护人职业培训，帮助提升技能素质和稳定就业能力；加大针对农村留守妇女的职业培训力度，积极向农村留守妇女提供农村留守儿童和困境儿童关爱服务方面的就业岗位，促进农村留守妇女就近就地就业。（民政部、教育部、人力资源社会保障部按照职责分工负责）

（四）实施安全防护行动。

13. 加强安全教育引导。各地要充分运用宣传条幅、各类电子显示屏、村（社区）宣传栏、新闻媒体、新媒体平台等，采取儿童易于接受的方式，宣传普及安全常识和常见意外伤害等知识，提高农村留守儿童和困境儿童安全防护、应急避险和自防互救能力。县级教育、公安、民政、团委、妇联等相关部门每年至少开展一次安全知识进村（社区）活动，面向农村留守儿童和困境儿童及其父母或其他监护人开展防溺水、防欺凌、防性侵以及道路交通安全等方面教育，提高监护人监护能力。学校要在寒暑假放假前组织一次安全知识大讲堂，提高农村留守儿童和困境儿童自我保护意识和能力。（教育部、公安部、民政部、国务院妇儿工委办公室、共青团中央、全国妇联按照职责分工负责）

14. 加强安全风险防范。各地要加强对中小学、幼儿园、儿童福利机构、未成年人救助保护机构等各类涉及儿童机构场所的风险隐患防范，重点开展消防安全、校车安全、卫生情况、自然灾害防范等，严格落实安全工作责任措施。各地要充分发挥河湖长制平台作用，组织有关部门，发动基层力量，加强对人口集中居住地区河湖明渠的巡查，因地制宜设置隔离防护设施，推进落实一个警示牌、一个救生圈、一根救生绳、一根救生杆"四个一"建设，强化涉水安全防范。各地要高度重视汛期自然灾害风险防范，对各类涉儿童机构场所周边的建筑物、围墙、山体、水域等进行细致排查。依法严惩针对农村留守儿童和困境儿童的违法犯罪行为，切实维护其合法权益。（教育部、公安部、民政部、应急管理部按照职责分工负责）

15. 加强网络保护工作。各地网信部门要在预防网络沉迷等专题教育活动中，将农村留守儿童和困境儿童列入重点人群，引导农村留守儿童和困境儿童父母或其他监护人加强对儿童使用网络、手机行为监管，指导其及时发现、制止和矫正儿童网络沉迷行为；开展"清朗·暑期未成年人网络环境整治"专项行动，将农村留守儿童和困境儿童列入重点人群，紧盯重点平台关键环节，紧抓直播、短视频平台涉及危害儿童身心健康的突出问题，及时处理违规问题。各地要建立健全儿童网络巡查机制、信息发布关键词预审机制、不良信息举报受理机制、舆情应对处理机制，将农村留守儿童和困境儿童作为网络安全保护重点对象，加强对儿童网络欺凌、造谣攻击、人肉搜索、侵犯隐私等有害信息的巡查监测、举报受理、有效处置。（中央网信办、公安部按照职责分工负责）

（五）实施固本强基行动。

16. 加强儿童主任队伍建设。各地民政部门要选优配强工作队伍，每个村（社区）择优选任至少一名儿童主任，村（居）民委员会应当选择政治素质过硬、道德品行优良、热爱儿童工作、熟悉村（社区）情况、具有一定文化水平的村（居）民委员会委员或社会工作者等人员担任儿童主任，对于辖区内常住儿童数量较多或农村留守儿童和困境儿童总人数超过30人的村（社区），根据实际需要增配儿童主任。建立儿童主任信息台账，加强动态管理，及时录入和更新全国儿童福利信息系统相关数据。完善日常管理制度，制定儿童主任职责清单和关爱服务内容清单，建立工作评价机制。构建儿童主任综合培训体系，建立覆盖全员的儿童主任培训档案，省级和地市级民政部门每年至少组织一次示范培训，县级民政部门要确保实现每年对儿童主任培训的全覆盖。有条件的地方可加大对儿童主任的补助力度。（民政部负责）

17. 引导社会力量参与。各地民政部门要积极培育和发展儿童福利领域社会组织，通过政府委托、项目合作、重点推介、孵化扶持等多种形式，引导和规范儿童福利领域社会组织参与农村留守儿童和困境儿童关爱服务工作。鼓励社会组织和志愿者等深入西部地区、老工业基地、革命老区等地积极参与农村留守儿童和困境儿童关爱服务行动，对于作出突出贡献的，在农村留守儿童和困境儿童相关表彰工作中予以考虑。（民政部、共青团中央、全国妇联按照职责分工负责）

18. 加强数字化建设。各地民政部门要依托全国儿童福利信息系统，加强与教育、公安等部门间数据信息共享，为加强农村留守儿童和困境儿童关爱服务工作提供信息化支撑，让数据多跑路、让群众少跑腿。探索智能技术在儿童福利信息领域的应用，通过数字赋能，主动发现需要帮助的农村留守儿童和困境儿童，精准匹配需求，量身定制关爱帮扶方案，切实提升农村留守儿童和困境儿童关爱服务工作质量。（教育部、公安部、民政部按照职责分工负责）

三、阶段安排

（一）部署启动（2023 年 11 月至 2023 年 12 月底）。各地民政部门会同相关部门结合实际制定具体实施方案，明确工作任务、阶段性目标、方法步骤、保障措施等，建立部门间协作机制，明确部门责任、实施主体、完成时限。具体实施方案于 2023 年 12 月底前报民政部。

（二）重点推进（2024 年 1 月至 2025 年 12 月底）。各地民政部门整合各方面工作力量，扎实推进各项重点工作任务，着力补短板强弱项，加大攻坚力度。2024 年 6 月底前完成辖区内农村留守儿童和困境儿童全面摸底排查，并完成信息系统更新工作，为农村留守儿童和困境儿童全部建立档案，对摸排发现的需重点关注的农村留守儿童和困境儿童制定有针对性的帮扶措施，建立健全常态化帮扶机制。2024 年底前取得阶段性成果，农村留守儿童和困境儿童精神素养有效提升，心理健康教育持续加强，监护体系初步建立，安全防护能力进一步增强，关爱服务精准化水平持续提高，儿童主任队伍规范化、专业化水平明显提升。2025 年底前基本实现预期目标。

（三）巩固提升（2026 年 1 月至 2026 年 10 月底）。认真总结工作成效和经验，及时梳理工作中形成的有效做法和协作方式，巩固阶段性工作成果，对存在的困难问题提出改进措施，对表现突出的单位和个人按照有关规定予以表扬鼓励，持续推进农村留守儿童和困境儿童关爱服务高质量发展。

四、保障措施

（一）加强组织领导。各地各相关部门要充分认识开展农村留守儿童和困境儿童关爱服务质量提升三年行动的重要性，将其列入年度重点工作，及时安排部署。国务院妇儿工委办公室要将农村留守儿童和困境儿童关爱服务作为未成年人保护和推动实施儿童发展纲要的重点工作，督促相关部门落实工作职责任务。各地要结合实际研究制定实施方案，压实属地责任，加强部门协调，形成工作合力，统筹使用中央和地方财政资金，加强对农村留守儿童和困境儿童关爱服务资金保障，提高农村留守儿童和困境儿童服务保障水平。

（二）强化督促检查。民政部将农村留守儿童和困境儿童关爱服务质量提升三年行动纳入年度重点工作，会同相关部门对行动实施情况进行跟踪监测，通过座谈调研、第三方评估等方式，加强工作指导，采取适当方式对各地实施情况进行调度，并适时征集发布一批农村留守儿童和困境儿童关爱服务质量提升三年行动优秀案例。各省级民政部门要会同相关部门及时调度工作进展情况，每年至少开展一次检查，并于每年12月10日前将本地工作进展情况报民政部。

（三）加强宣传引导。各地要加强农村留守儿童和困境儿童相关法律法规、政策措施宣传工作，开展形式多样的宣传教育活动，在工作中要注意保护农村留守儿童和困境儿童个人隐私，引导农村留守儿童和困境儿童父母或其他监护人自觉履行监护责任，强化强制报告主体的法治意识。各地各相关部门要注重挖掘宣传农村留守儿童和困境儿童关爱服务工作中的先进典型，充分利用报刊、广播、电视等新闻媒体和网络新媒体，广泛宣传各地好典型、好经验、好做法，营造全社会关心关爱农村留守儿童和困境儿童的良好氛围。

鸣　谢

教程编写组衷心感谢以下专家[①]在《儿童主任上岗教程》的9讲课程大纲、课程框架、课程撰稿、课程试讲阶段提供的与教学相关的思路、经验、反馈、资料等全方位的支持。

何　昕　贵州大学公共管理学院社会学系讲师

刘　鸣　联合国儿童基金会驻华办事处项目高级官员

孙博文　山西省仁爱天使公益基金会项目经理

许文青　联合国儿童基金会驻华办事处项目专家（曾任）

张　果　资深心理咨询师

章淼榕　偕思远家庭心理成长中心主任，社会学博士

郑佑之　新加坡太和观家和中心助理咨询师

[①]　专家排名按照拼音首字母排序。